Stift auf dem Bau

Als ich noch Maurerlehrling war
1952 bis 1955

Diplom-Ingenieur Günter Menze

Copyright
by Günter Menze, Bad Soden am Taunus

Verlag und Druck: tredition GmbH,. Halenreie 40-44, 22359 Hamburg

ISBN 978-3-7482-8020-0 Paperback
978-3-7482-8021-7 Hardcover
978-3-7482-8022-4 E-book

Inhaltsverzeichnis

Vorwort

Seit 65 Jahren bin ich mit dem Bau verbunden, zuerst als Maurerlehrling, dann mit dem Studium an einer Staatsbauschule und an der Technischen Hochschule Darmstadt (heute TU Darmstadt) und schließlich in verschiedensten Positionen als Architekt, Bauleiter, Stadtplaner und Stadtbaurat. In diesen Jahren habe ich viel erlebt, Erfahrungen gesammelt, gestaltet und organisiert. Die Zeit meiner Maurerlehre ist jedoch für mich wichtig und prägend für die Ausübung meiner Tätigkeiten geblieben. Das Verständnis für die Probleme bei der Bauausführung und die Gedankenwelt der Arbeiter auf der Baustelle, deren Einstellung zur Arbeit, zu ihrem Beruf und zur Lebensführung im privaten Bereich sind für mich immer gegenwärtig geblieben und haben so manche Entscheidung mit beeinflusst. Im Laufe der Jahre haben sich die Lebensbedingungen, weltanschauliche Einstellungen, die Technik und die Arbeitswelt gewaltig verändert. So ist es nicht verwunderlich, dass die junge Generation so keine Vorstellung hat, wie wir vor 65 Jahren gelebt und gearbeitet haben. Durch einen Zufall sind mir meine Werkstattwochenbücher, die ich während meiner Lehrzeit führen musste, wieder in die Hände gefallen. Beim Durchblättern konnte ich feststellen, dass die Ausbildung in den 50er Jahren doch recht umfassend war, allerdings auch die Bauausführung, die Bauaufgaben und die Rahmenbedingungen. Ich unternehme daher mit dieser Veröffentlichung den Versuch die Zeit meiner Lehre auf dem Bau zu schildern und so in Erinnerung zu halten. Natürlich können meine Erlebnisse und meine Ausbildung nicht allgemein gültig sein. Ich kann nur schildern, was auf meinen Baustellen so ablief unter den Bedingungen, unter welchen damals ein mittleres Bauunternehmen arbeitete und den Bauaufgaben, die wir zu erledigen hatten. Als Lehrlinge, aber auch als Gesellen, waren wir auf das fokussiert, was auf unseren Baustellen geschah und den Erfahrungen, die in diesem Umfeld gemacht wurden. Großbaustellen mit modernsten Baugeräten gab es zwar, aber die interessierten uns nicht weiter. Bei uns wurde vor allem gemauert, dreigeschossige Gebäude des sozialen Wohnungsbaus in einfacher aber in solider Ausführung. Beton benutzten wir in erster Linie nur für die Fundamente, Bodenplatten und Geschossdecken. Mit der Berufsschule haben wir die Industriemesse in Hannover besucht und mit Erstaunen festgestellt, was es alles gab, aber auf unseren Baustellen nicht zu finden war. In den nachfolgenden Ausführungen habe ich meine Ausbildung anhand der Werkstattwochenbücher geschildert, wobei zu berücksichtigen ist, dass die Zeichnungen keine Werkpläne eines Architekten, sondern aus dem Erleben und der Erinnerung eines Maurerlehrlings entstanden sind. Ich glaube, ich konnte die ganze Palette der Arbeiten aufzeigen, die zu meiner Ausbildung gehörten. Es ist noch zu bemerken, dass wir als Maurer auch Putzarbeiten ausführten, die allerdings bei der Gesellenprüfung in diesem Bereich nicht geprüft wurden. Zur Abrundung und Vervollständigung der Schilderung meiner Ausbildungsjahre habe ich auch versucht einen kleinen Einblick in das Leben außerhalb der Baustelle aufzuzeichnen.

Bad Soden am Taunus im September 2019

1. Warum ich Maurer gelernt habe

Ich bin häufig gefragt worden, warum ich den Beruf eines Architekten gewählt habe. Darauf konnte ich nur antworten, dass es mir als Kind gar nicht klar war, was ein Architekt oder ein Bauingenieur eigentlich macht. Ich wusste nur, dass mein Großvater mütterlicherseits "Bauingischnör" war, dass er Häuser baute und dass er ein Mann war, der auf alle Fragen eine Antwort hatte und mir geduldig auf unseren Spaziergängen in der Eilenriede in Hannover jeden Baum und jede Pflanze erklären konnte. Auch im Zoo schien er von jedem Tier etwas zu wissen. Opa war für mich die wichtigste männliche Bezugsperson, da mein Vater starb, als ich sechs Jahre alt war und meine Mutter sich längere Zeit mit mir bei ihren Eltern in Hannover aufhielt. Wenn ein Mann wie Opa Bauingenieur war, dann wollte ich auch so etwas werden, daran habe ich nie gezweifelt, auch nie über eine andere Berufswahl nachgedacht. Feinere Unterschiede, wie Baumeister, Architekt, Ingenieur für Hochbau oder für Tiefbau machte ich nicht, ich kannte ja auch nicht den Unterschied, geschweige denn den Weg, den man einschlagen musste, um einen solchen Beruf zu erlernen. Mit dem Ende des 10. Schuljahres Anfang 1952 musste ich mich mit meinem Berufsweg näher befassen. Mit meinem Opa hatte ich da ja einen hervorragenden Berater. Von ihm erfuhr ich, dass die Voraussetzung für den Besuch einer Ingenieurschule eine abgeschlossene Ausbildung in einem Bauberuf war. Es spielte dabei keine Rolle, ob man Maurer, Zimmermann, Bauschreiner oder Bauschlosser gelernt hatte, ich glaube, auch eine abgeschlossene Ausbildung als Bauzeichner hätte zum Ziel geführt. Ich habe mich dafür entschieden eine Lehre als Maurer anzufangen. Allerdings brauchte man gute Zeugnisse und musste eine Aufnahmeprüfung machen.

2. Die 50er Jahre in der Bundesrepublik

Bevor ich jedoch mit der Schilderung meiner Ausbildung beginne, möchte ich einen kleinen Überblick über die Situation in Deutschland in der ersten Hälfte der 50er Jahre geben. Der Zweite Weltkrieg war zwar schon sieben Jahre vorbei, aber die Folgen waren noch überall zu spüren. Auch der Wille zur Überwindung der Probleme war vorhanden. Dazu gehörte einmal die Wiederherstellung der im Krieg zerstörten Infrastruktur und vor allem die Schaffung von Wohnraum. Auch waren noch nicht alle Soldaten aus der Kriegsgefangenschaft zurück und viele Heimkehrer noch nicht wieder richtig in der Wirtschaft integriert. In Korea tobte seit 1950 ein grausamer Krieg zwischen Nord Korea und China auf der einen Seite und der UN unter Führung der USA und Süd Korea auf der anderen Seite.

An den Olympischen Spielen 1952 in Oslo (Winterspiele) und Helsinki durfte Deutschland zum ersten Mal nach dem Krieg wieder teilnehmen. In Oslo gab es drei Goldmedaillen, einmal Silber und dreimal Bronze. In Helsinki konnte die deutsche Mannschaft zwar 7 Silber-und 17 Bronzemedaillen gewinnen, aber keine Goldmedaille. Es waren nur westdeutsche Sportler am Start. Die DDR hatte die Teilnahme an einer gemeinsamen deutschen Mannschaft abgelehnt. Es gab als Besonderheit eine Mannschaft aus dem Saarland, das zu dieser Zeit noch unter französischer Verwaltung stand. Am 24. Juni wurde die erste Ausgabe der Bild-Zeitung kostenlos verteilt, dann kostete das "Groschenblatt" 10 Pfennig. Vor Weihnachten werden vom Fernsehsender Köln und Hannover regelmäßige Sendungen, natürlich in schwarz-weiß, ausgestrahlt. Deutscher Fußballmeister 1951/52 wurde der VfB Stuttgart durch einen 3:1 Sieg über Saarbrücken.

Das Jahr 1953 bleibt allen in Erinnerung durch den Arbeiter-
aufstand in der DDR am 17. Juni und die Niederschlagung
durch die Rote Armee. Am 6. September wurde ein neuer
Bundestag gewählt. Konrad Adenauer erreichte mit der CDU
45,2 %, die SPD 28,8%, die FDP 9,5 % der abgegebenen gülti-
gen Stimmen.

Der Messerschmitt-Kabinenroller kam auf den Markt als Kon-
kurrenz zur Isetta von BMW und dem Goggomobil. Am 23. Juli
trat in Korea ein Waffenstillstand in Kraft, drei Jahre hatte
dort ein Bürgerkrieg getobt, der uns alle sehr beschäftigt hatte. Deutscher Fußballmeister 1952/53 wurde Kaiserslautern
durch einen 4:1 Sieg über Stuttgart
Am 23. Oktober 1954 wurde die Bundesrepublik Deutschland
zum Beitritt in die NATO eingeladen. Theodor Heuss wurde
als Bundespräsident wiedergewählt. Die Gewerkschaften
forderten die Fünf-Tage-Woche und eine wöchentliche Arbeitszeit von 40 Stunden. Die durchschnittliche Arbeitszeit
betrug 48 Stunden. Deutschland wurde in Bern Fußballwelt-
meister durch einen 3:2 Sieg über Ungarn. Ich habe dieses
Spiel mit Freunden zusammen in einer Gastwirtschaft gese-
hen, denn einen eigenen Fernseher hatte kaum jemand. Im
Endspiel um die deutsche Fußballmeisterschaft schlug Hannover 96 den FC Kaiserslautern 5:1
Im Jahre 1955 holte Bundeskanzler Adenauer die letzten
Kriegsgefangenen aus Russland zurück. Nach einer Volksab-
stimmung wurde das Saarland wieder in die Bundesrepublik
eingegliedert. Die Lufthansa nahm den Flugverkehr wieder
auf. Die Silberpfeile von Mercedes mit Weltmeister Fangio
feierten Triumphe. Deutscher Fußballmeister wurde Rot-
Weiß Essen durch einen 4:3 Sieg über Kaiserslautern.

Für die Männer vom Bau waren diese Ereignisse zwar wichtig,
aber gerade bei den Jüngeren interessierte man sich neben
dem Sport für Film und Schlager. 1952 gab *Brigitte Bardot*

ihren Filmeinstand. "Casablanca" mit *Humphrey Bogart* und "Der rote Korsar" mit *Burt Lancaster* waren Kassenschlager. Die deutschen Filme waren eher leicht unterhaltsam, wie "Die Försterchristel", "Ferien vom Ich", oder "Wir werden das Kind schon schaukeln". *Romy Schneider* gab 1953 ihr Filmdebüt in "Wenn der weiße Flieder wieder blüht". Die deutschen Stars waren *Heinz Rühmann, Rudolf Prack, Willi Fritsch, Hans Moser, O. W. Fischer, Dieter Borsche, Theo Lingen, Hans Albers, Walter Giller, Johanna Matz, Marianne Hold, Nadja Tiller, Sonja Ziemann, Grethe Weiser* und viele andere. Wir sahen in "Fanfar der Husar" *Gerard Philipe* neben *Gina Lollobrigida* und 1954 "Verdammt in alle Ewigkeit" mit *Frank Sinatra* und *Burt Lancaster* sowie *Joachim Fuchsberger* in "08/15 in der Kaserne". Ein weiterer Kinohit war "Blondinen bevorzugt" mit *Mariliyn Monroe*. 1955 präsentierte *Alfred Hitchcock* "Das Fenster zum Hof", *James Dean* spielte im Klassiker "Jenseits von Eden" und verunglückte am 30.September 1955 tödlich. *Heinz Rühmann* sahen wir in "Wenn der Vater mit dem Sohne" und *Christiane Hörbiger* (Der Major und die Stiere) und *Fritz Wepper* (Der dunkle Stern) gaben ihr Filmdebüt. Meine Aufzählung ist nur bruchstückhaft, denn das Filmangebot war sehr reichhaltig und die Kinos wurden gut besucht. Wir zahlten damals für den "Sperrsitz" DM 1,50, das Parkett DM 1,25 und in dem Zweiten Parkett bis zum "Rasiersitz" in der ersten Reihe" DM 1,00 für eine Kinokarte.

Bei der Unterhaltungsmusik freuten wir uns über Schlager von *Peter Alexander* (Die süßesten Früchte fressen nur die großen Tiere), *Cornelia Froboess* (Pack die Badehose ein), *Gerd Wendland* (Vagabundenlied), *Monika Andergast* (Du bist die Rose vom Wörthersee), *Rudi Schuricke* (Dreh Dich noch einmal um, bevor wir auseinander gehen) *Caterina Valente* begann ihre Karriere, und *Bill Haley* eröffnete mit "Rock around the clock" eine neue Musikära. Unsere Eltern hatten für das "Gehopse" wenig Verständnis. Ebenso war Jazz in der älteren Generation verpönt. Der Besuch in einem Jazz-Keller, wie das *Tabu* in Hannover wurde als Verstoß gegen die guten Sitten betrachtet. Von den vielen anderen Interpreten sollte man auch noch *Hans Albers, Margot Hielscher, Vico Torriani, Bill Ramsey und Chris Howland* erwähnen. Die Schallplatten gab es vorwiegend als Singles. Man benutze auf dem Plattenspieler einen automatischen 10- Plattenwechsler um ein längeres Musikvergnügen zu haben, ohne die Platten von Hand neu auflegen zu müssen.

3. Die Lehre beginnt

Ich hatte die Mittelschule in Burgdorf besucht. Ende des 10. Schuljahres - Anfang 1952 - musste ich mit der Maurerlehre beginnen. Im Frühjahr 1952 war es kein Problem eine Lehrstelle zu finden, zumal ich mit der erworbenen Mittleren Reife einen Vorsprung vor den Mitbewerbern hatte, die nach Abschluss der Volksschule eine Lehre anfingen. Ich hatte nicht nur einen Bildungsvorsprung, ich war mit meinen 17 Jahren auch körperlich weiter entwickelt als die meisten Volksschulabgänger, mit in der Regel 14 Jahren. Auf der Suche nach einer geeigneten Lehrstelle war mir mein Großvater wieder eine Hilfe, denn er kannte von seiner Arbeit her eine Vielzahl von Bauunternehmen, deren Chefs und deren Erfahrungen bei der Ausbildung von Lehrlingen. So hat sich meine Mutter dafür entschieden mich bei der Firma Heinrich Schaper in Lehrte in die Lehre zu schicken. Lehrte war ca. 8 km von Burgdorf entfernt, aber schließlich spielte es keine entscheidende Rolle, wo der Lehrbetrieb seinen Sitz hatte, denn die Baustellen befanden sich meist im Umfeld von Hannover. Heinrich Schaper hatte ein für damalige Verhältnisse mittleres Familienunternehmen und beschäftige ca. 50 bis 70 Maurer, Zimmerleute und Handlanger (Bauhelfer). Der Bauhof befand sich in Lehrte in der Köthenwalder Straße, auf dem Grundstück stand auch das Wohnhaus des "Alten" mit zwei Büro-

11

räumen. An dem Bauhof schloss sich ein großer Gemüsegarten an. Soweit ich mich erinnern kann, stand auf dem Bauhof eine große offene Halle und ein weiteres eingeschossiges Gebäude, das auch als Büro und als Aufenthaltsraum genutzt wurde. Auf dem Freigelände lagerten Schal- und Gerüsthölzer, Steine, Betonmischer und sonstige Gerätschaften.

Ich hatte mich bei der Fa. Schaper beworben und bekam einen Brief, in welchem mir mitgeteilt wurde, ich solle mit meiner Mutter, als Erziehungsberechtigte, zu einer persönlichen Vorstellung kommen. Die Vorstellung erfolgte einige Tage später, und wir haben einen Lehrvertrag abgeschlossen. Außerdem erklärte mir mein künftiger Lehrherr, dass ich zum Antritt der Lehre mein "Geschirr", mitzubringen habe. Um 07.00 Uhr am 1. April 1952 sollte ich bei ihm im Büro erscheinen. Bei dem "Geschirr" handelte es sich um das persönliche Handwerkszeug, also Kelle (eine dreieckige Form war in Niedersachsen üblich), einen Maurerhammer, eine Spitzkelle, ein Fugeisen 10 mm breit, einen Meißel, einen Fäustel, ein Reibebrett., ein Zollstock und schließlich eine Wasserwaage (aus Teakholz, 90 cm lang). Diese Grundausstattung wurde später noch ergänzt, wenn bestimmte Arbeiten anfielen. Jeder pflegte sein Werkzeug und musste es auch ergänzen, wenn etwas beschädigt oder abgenutzt war. Das Hauptwerkzeug war die Maurerkelle, die verlängerte Hand des Maurers. Man gewöhnte sich an sie so, dass sie gut in der Hand lag, und man ein etwas seltsames Gefühl hatte, wenn man einmal eine fremde Kelle benutzte. Probleme hatte ich immer mit dem Zollstock, weil ich in der Hektik der Arbeit ihn oftmals zerbrach. Zollstöcke als Werbegeschenke waren damals nicht üblich, so musste man sich einen neuen kaufen. Das Geschirr wurde in einem kleinen Jutesack verstaut und begleitete so den Handwerker von Baustelle zu Baustelle.

Ein anderes Thema war die Arbeitskleidung. Ich benutzte erst einmal alte Klamotten. Da ich selber keine langen Hosen besaß, trug ich eine von meinem Stiefvater. Erst später konnte ich mir eine tolle weiße Maurerhose aus Leinen mit "Schlag" leisten, also eine Hose, bei der die Beine unten fast doppelt so breit waren wie am Knie. Es war Pflicht eine Kopfbedeckung zu tragen. Zuerst hatte ich eine alte Schirmmütze, später benutzte ich auch Filzhüte meiner Mutter, denen ich allen Zierrat abgeschnitten hatte. Schutzhelme kannten wir noch nicht auf dem Bau. Ein Problem waren die Schuhe. Ich hatte zuerst nur normale Schnürschuhe mit Ledersohle, die litten sehr unter der Feuchtigkeit auf dem Baufeld und dem ätzenden Kalkmörtel. Eine Schutzkappe, wie sie zu dieser Zeit für Arbeitsschuhe in Industriebetrieben üblich war, kannte ich nicht, hatte auch keiner meiner Kollegen. Schließlich hatte ich auch Gummistiefel, in denen ich Fußlappen statt Strümpfe trug. Fußlappen wurden damals häufig in den Schnürschuhen getragen, sie waren ganz praktisch. Die Gummistiefel waren nicht besonders robust und führten zu Schweißfüßen, auch war die Sohle recht dünn. Als ich einmal auf ein Brett mit vorstehendem Nagel trat, bohrte sich dieser tief in meinen Fuß. Beliebt auf dem Bau waren auch die "Holländer" Holzschuhe, sie hielten warm, waren gegen Feuchtigkeit unempfindlich und boten den Füßen guten Schutz vor Verletzungen. Leider waren die Schuhe schwer zu bekommen und konnten auch nicht bei allen Arbeiten getragen werden. Regenschutzkleidung und Arbeitshandschuhe waren unbekannt.

Als ich am 1.April 1952 meine Lehre antrat, hatte es in der Nacht kräftig geschneit, es lagen etwa 20 cm Neuschnee. Vor dem Büro traf ich einen Jungen, der Uli hieß und mit mir den Ernst des Lebens kennenlernen sollte. Unsere erste Arbeit war Schnee schippen. Dann tauchte ein älterer Mann auf, ein "Altgeselle", um uns an unserem ersten Arbeitstag zu beschäftigen. Und wir haben tatsächlich etwas gelernt. Maurer mauern nicht nur, sie betonieren auch. Unter dem Dach der offenen Halle hatte der Geselle eine Form für Treppenstufen vorbereitet, die wir betonieren sollten. Einen Mischer gab es nicht, also mischten wir von Hand. Es wurde eine bestimmte Anzahl Schaufeln Kies auf einen Haufen geschaufelt und dann eine entsprechende Anzahl Schaufeln Zement dazu geschüttet. Der Zement war in Papiersäcken je 50 kg verpackt. Dann wurde der Haufen umgeschaufelt und mit einer Harke eingeebnet, nachdem diese Prozedur zweimal erfolgt war, waren Kies und Zement recht gut miteinander vermischt, so dass beim nächsten Mal der Geselle aus einer Gießkanne Wasser über die Mischung sprühte und zwar so gefühlvoll, dass der Beton gut erdfeucht war und nun in die vorbereiteten Schalungen eingebracht werden konnte. Grundsätzlich galt beim Mischungsverhältnis als Maß eine Schaufel, wobei die Theorie darin bestand, dass alle Schaufeln die gleiche Menge Material fassten. Die Anweisung lautete einfach, wir mischen 1:3 oder 1:5 usw. Ich lernte so an meinem Arbeitstag nicht nur das Verfahren zum Mischen, sondern auch den richtigen Gebrauch der Schaufel, da der Kies durch eine gewisse Drehung der Schaufel sich flächenmäßig verteilte und nicht auf einen Haufen im Ziel landete. Zu den Erfahrungen des ersten Tages gehörte auch, dass Kies in einer groben Mischung angeliefert wurde und nicht nach Korngrößen getrennt. Benötigte man aber eine feine Körnung, wie für einen Vorsatzbeton, musste er gesiebt werden. Dieses Sieb bestand dann aus einem Holzrahmen, ca. 1,00 x 1,60 m, der schräg aufgestellt wurde und mit einem Drahtgitter bespannt war. Mit einem geschickten Wurf wurde der Kies über das Sieb geworfen und der feinkörnige Kies gewonnen.

4. Handlanger

An meinem 3. Arbeitstag wurde ich zu einer Baustelle geschickt, es war der Neubau eines Wohnblocks in Lehrte. Der
Polier wusste so recht nichts mit mir anzufangen, da mein
Aufenthalt bei ihm nur vorübergehend sein sollte. Er teilte
mich den Handlangern zu, man würde heute sagen den Bau-
hilfsarbeitern. Damals waren die Handlanger aber eine
selbstbewusste Gruppe auf der Baustelle, mit denen man
sich gut stellen musste, denn sie konnten die Maurer durchaus schikanieren (eine Schaufel Kies im Mauermörtel können
einen Maurer ganz schön nerven). Gerne zitierten sie den
angeblichen Aufruf zu einem Richtfest: "Zimmerochsen, Mau-
rervieh und die Herren Handlanger bitte zum Richtschmaus".
Die Handlanger hatten einen wahren Knochenjob zu erledigen, nämlich dafür zu sorgen, dass die Maurer stets genügend Steine und Mörtel an ihrem Arbeitsplatz hatten. Weiter
mussten sie bei allen Arbeiten, die auch von ungelernten
Kräften ausgeführt werden konnten, mit anpacken. Um Steine und Speis zu transportieren benutzte man ein dreibeiniges
Gestell, an welchem etwas unter Schulterhöhe zwei horizontale Latten angebracht waren. Auf diesen Latten wurde der
"Speisvogel" genannte nach unten konisch verlaufende Kas-
ten gestellt, um mit Mörtel beladen zu werden. Dann nahm
ihn der Handlanger auf die Schulter, balancierte ihn dann zur
Abnahmestelle, einem Blechkübel am Arbeitsplatz des Maurers. Da auf unserer Baustelle kein Aufzug, geschweige denn
ein Kran vorhanden war, musste das Material über Leitern in
die Obergeschosse getragen werden. Die Maurerleitern bestanden aus zwei halbrunden Stangen aus Holz, in welche
horizontale Kerben eingeschnitten waren, die, die aus Dachlatten bestehenden Stufen aufnahmen. Der Stufenabstand
betrug nur ca. 15 cm, damit man bei den schweren Lasten auf
den Schultern die Steigung überhaupt bewältigen konnte.
Zum Transport der Mauersteine benutzte man ein schmales,

ca. 80 cm langes Brett, welches auf die Traghölzer des Drei- beins aufgelegt war. Die Steine wurden nach einem bestimm- ten System zu einer Pyramide auf dieses Brett gestapelt und dann abtransportiert. Ich sollte bald die Tücken dieses Systems kennenlernen, denn das große Kunststück war erst einmal die Balance zu halten, beim Gehen über Un- ebenheiten und dann auf der Leiter. Das Gewicht der Ladung drückte teuflisch auf die Schulterknochen. Mein erster Versuch einige Steine zu transportieren ging na- türlich schief, ich hatte erst gar nicht versucht so viel Steine aufzuladen, wie es die Handlanger machten, aber schon die Hälfte machte mir Probleme. Mit wackligen Knien machte ich einige Schritte, dann geriet meine Last ins Rutschen und die Ziegel polterten, begleitet vom schadenfrohen Grinsen der Experten, zu Boden. Es nützte nichts, ein neuer Versuch wur- de gestartet, noch einmal ein paar Steine weniger und dazu einige gute Ratschläge von einem altgedienten Handlanger und ich brachte die nächste Ladung bis an den Arbeitsplatz eines Maurers. Am Abend war meine Schulter wund, alle Knochen taten mir weh, aber ich habe es überstanden. Nach zwei Tagen konnte ich schon einige Steine mehr auflegen, meine Schritte wurden sicherer, aber ich war noch weit davon entfernt die Leistung eines altgedienten Handlangers zu errei- chen. Aber alles ist Übung. Im zweiten Lehrjahr wurde zwi- schen uns Lehrlingen eine Wette abgeschlossen, wer die meisten Kalksandsteine über eine bestimmte Strecke tragen konnte. Ich hatte 32 Steine aufgestapelt und auch ganz gut eine Strecke zurückgelegt, bis ein Wasserschlauch auf dem Boden sich als ein unüberwindliches Hindernis erwies und ich die Füße nicht hoch bekam. So habe ich eine Flasche Milch verloren.

5. Die erste richtige Baustelle

Nach ein paar Tagen erklärte mir der "Alte", bei seinem täglichen Baustellenbesuch, dass ich am nächsten Tag zu einer
neuen Baustelle fahren sollte. Es handelte sich da um ein
eingeschossiges Gebäude eines ehemaligen Arbeitsdienstla-
gers, in welchem ein Saal und sonstige Gemeinschaftsräume
untergebracht waren. Nach einem Großbrand sollte dieses
Gebäude wieder neu erstehen. Ich meldete mich pünktlich
bei Polier Frickmann, der musterte mich kühl und fragte: "Wie
alt bist Du?"
"Siebzehn Jahre, Herr Frickmann"
"Warum kommst du erst jetzt in die Lehre?"
"Ich war auf der Mittelschule".
"So, so, Du willst wohl einmal etwas Besseres werden!"
"Ich will nach der Lehre auf eine Ingenieur Schule gehen."
Keine Antwort. Nach diesem Empfang befürchtete ich schon,
dass mich der strenge Polier besonders rannehmen und even-
tuell schikanieren würde, aber das war nicht der Fall. Frickmann war kompetent und humorvoll. Ich erinnere mich noch
an eine Aktion, bei der wir durch die Kellerdecke ein Loch
stemmen sollten. Wir benutzten einen kurzen, aber dicken
runden Meißel, den ich mit einer sehr langen Zange festhalten musste, während Frickmann mit einem Vorschlaghammer
auf den Meißel schlug. Nach einiger Zeit sollte ich das Schla-
gen übernehmen, mein Problem war aber, dass ich den Meißel nicht traf, dafür aber die Zange in den Händen des Poliers.
Es hat sicher recht weh getan. Ich fürchtete schon eine schal-
lende Ohrfeige, doch Frickmann fluchte nur kurz und heftig
und zog einen Bleistift aus der Tasche, um auf den Meißel ein
Kreuz zu malen.
"Kollege, auf dieses Kreuz musst Du zielen, noch einmal".
Doch auch das Kreuz half nichts, der nächste Schlag ging auch
daneben, aber schon nicht mehr so viel wie davor. Ich habe
dann versucht nicht mehr soweit auszuholen, dann ging es

schon besser und schließlich habe ich es geschafft Schwung und Treffer zu optimieren.

6. Das erste Richtfest

Von dieser Baustelle ist mir noch das Richtfest in Erinnerung geblieben. Die Zimmerleute hatten den Dachstuhl aufge-schlagen, ein Sprengwerk mit großer Spannweite. Ich erlebte zum ersten Mal die Zeremonie mit dem Richtspruch nach alter Zimmermannstradition. Der Zimmerer-Polier schlug mit der Axt den letzen Sparrennagel ein, natürlich in Tracht der Zimmerleute mit breitkrempigem Hut, freistehend auf der Firstpfette. Ein Loblied auf die Bauleute und den Bauherrn und ein Gebet um Gottes Segen für das neue Haus zu erbit-ten. Nachdem der Richtkranz gesetzt war begann der Richt-schmaus, der aus einem großen Eisbein mit Sauerkraut und Kartoffeln bestand. Das Eisbein musste mit entsetzlich viel Bier und Korn heruntergespült werden, wobei wir Stifte bei den alkoholischen Getränken sehr, sehr kurz gehalten wur-den, dafür aber Limo trinken durften. Ein Geselle steckte mir eine Schnapsflasche zu, mit dem Auftrag diese heimlich zu verstecken, damit die Mannschaft auch am nächsten Tag noch etwas vom Richtfest hätte. Am nächsten Tag stellte sich heraus, dass auf diese Weise eine ganze Anzahl Flaschen in Sicherheit gebracht worden waren.
Die am Bau tätigen Firmen halfen sich auch gegenseitig aus. Die Dachdecker mussten als Nächstes die Dachlatten auf die Sparren nageln. Nachdem die Dachlatten angenagelt waren, mussten wir den Dachdeckern helfen die Dachziegel auf das Dach zu bringen. Wir bildeten eine Kette und so wurden die Ziegel im Zweier- oder Dreierpack weitergereicht. Auf dem Boden war das noch ganz erträglich, aber auf der Leiter die Ziegel annehmen und über Kopf weiterzureichen war ganz schön anstrengend. Wir haben dann hin und wieder die Posi-tionen gewechselt, um alles etwas erträglicher zu machen.

7. Mauerziegel

Inzwischen durfte ich auch richtig mauern. Wir verwendeten Mauerziegeln, damals noch im Reichsformat, also 25 x 12,5 x 6,5 cm. Auf einen Meter gingen so 13 Schichten.

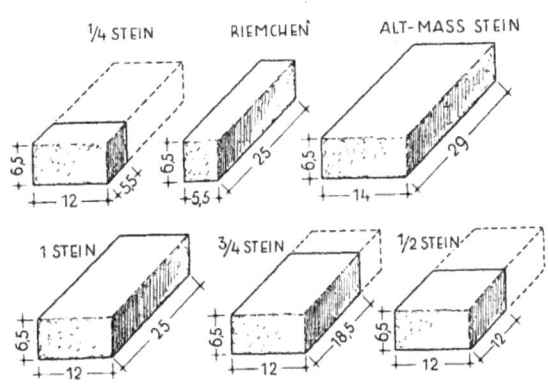

Abb. 426. Die Mauerdicken sind stets Kopfzahl mal 13 minus 1 cm. Z. B. 4 Köpfe mal 13 = 52 — 1 = 51 cm. Die Stoßfuge ist 1 cm und die Lagerfuge 1,2 cm dick. 13 Schichten ergeben 1 m Mauerhöhe.

Die Mauerziegel im Reichsformat

19

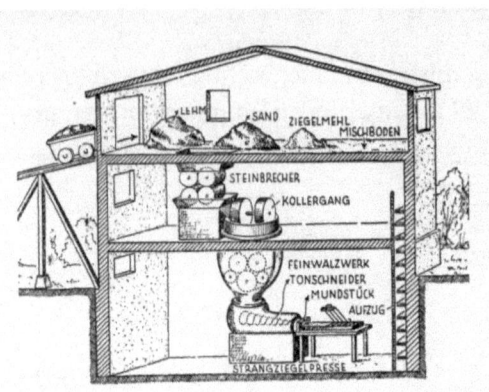

Abb. 390. Schematische Darstellung der Ziegelherstellung von der Lehmgrube bis zum Rohling. Im oberen Stock wird das Material gemischt, im Zwischenstock gemahlen und im unteren Stock geknetet und geformt.

Die Ziegel kamen aus den Ziegeleien in der Nähe. Natürlich haben wir mit der Berufsschule eine solche Ziegelei besichtigt.

Im Maurerbuch (Otto Maier Verlag Ravensburg) wird die Herstellung der Ziegel wie folgt beschrieben:
Der Ton oder Lehm wird in der Grube (wir sagten Lehmkuhle) von Hand oder mittels Bagger gelöst, zu Lehmsteinen geformt, getrocknet und im Ofen gebrannt. Nur selten kann der Lehm direkt von der Grube weg verwendet werden, da er Sand, Eisenoxyde, Kalk, Magnesia, Gips, Alkalien, Schwefelkies, Quarzkörner oder Pflanzenreste als Beimengungen enthält. Ist der Ton zu fett, so wird er beim Trocknen wie beim Brennen rissig und krumm, er muss deshalb durch Zusatz von Sand, Ziegelmehl oder Sägemehl gemagert werden. Zu magerer Ton wird mit fettem Ton gemischt, oder er wird geschlemmt. Kalk und lösliche Salze werden dabei gleichzeitig wenigstens teilweise entfernt. Eisenoxyd gibt dem Ziegel die rote Farbe.

Das Rohmaterial wird dann in Walzwerken und Kollergängen geschmeidig gemacht und dann in der Schneidemaschine durch Mundstücke, entsprechend dem gewünschten Format, gepresst und zugeschnitten. Die Rohlinge werden dann in Trockengestellen oder Trockenkammern aufgestapelt und getrocknet, wobei sie ca. 7% ihres Volumens verlieren.

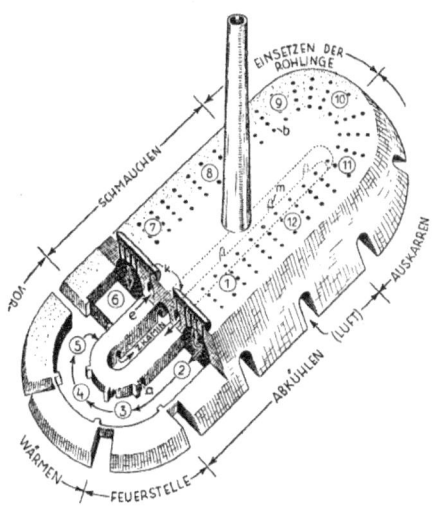

Ringofen zur Herstellung von Ziegeln

Der Brennvorgang wird wie folgt beschrieben:

Heute werden zum Brennen Ringöfen verwendet (in früheren Zeiten Feldbrandöfen),wobei der Brennbetrieb fortlaufend vor sich geht. Der Ofen ist in viele Kammern geteilt. Jede Kammer hat einen Ausgang und einen Kanal "a" zum Rauchabzug und in der Decke Löcher "b" zum Einbringen des Brenngutes (Kohlengruß). Brennt z.B. Kammer 3 auf Hochglut (ca. 1000 Grad Celsius), so ziehen der Rauch und die Wärme durch die Kammern 4 und 5 ab und wärmen die dortigen Steine vor. Wird dann in Kammer 4 Brenngut von oben hereingegeben, so beginnt in dieser Kammer der eigentliche Brennvorgang. Der Rauch zieht bei dem in Kammer 5 geöffneten Rauchabzug ab. Zwischen jeder Kammer wird eine Papierwand einge-

21

bracht, so dass kein Rauch von Kammer 5 nach Kammer 6 kommen kann. Damit die Steine nicht während des Rauchabzuges beschmutzt werden, während das gebundene Wasser durch Erwärmung außen herunterläuft, wird Heißluft aus der Kammer 2 in den umlaufenden Kanal "e" und von dort in die Kammern 6 bis 8 geleitet. Die Zuleitung erfolgt durch die Rohre "k", die zu diesem Zweck auf die Schürlöcher aufgesetzt werden. Dieser Vorgang wird das "Schmauchen" der Steine genannt. Die Schmauchgase ziehen bei "m" in den Kamin ab. Öffnet man den Rauchabzug der Kammer 6 und schließt den der Kammer 5, so brennt sogleich die Papierwand durch und die Kammer wird in den weiteren Vorwärmeprozess einbezogen. Auf diese Weise wird das Schmauchen, Vorwärmen, Brennen, Auskühlen, Aus-und Einkarren fortwährend im Kreise herum getätigt.

Die Ziegel, die wir geliefert bekamen waren von unterschiedlicher Qualität, was die Maßhaltigkeit und die Verformungen betraf. So hatten einige Ziegeleien bei uns Maurern einen schlechten Ruf, vor allem bei den Vollsteinen.
Beliebt wegen ihrer Maßgenauigkeit waren Kalksandsteine, die wir vorwiegend im Normalformat vermauerten, aber es kamen auch Steine im Format 2DF zur Anwendung, diese hatten dann in der Mitte ein Griffloch.

8. Ausführungsbeispiele Mauerarbeiten
   8.1 bis 8.9

Bei den Maurerarbeiten spielten die Verbände eine große Rolle. Wir wurden als Lehrlinge stets angewiesen darauf zu achten, dass die Verbandsregeln eingehalten wurden.

8.1. Mauerpfeiler mit Schornstein

In meinem "Werkstattwochenbuch" habe ich beispielhaft folgenden Eintrag gemacht:

Bei einem Neubau in Hannover hatte ich einen 25er Mauerpfeiler mit Ecke, zwei Anschläge und einen Schornstein zu mauern. Nachdem ich mit dem Polier die erste Schicht angelegt hatte , konnte ich mit dem Mauern beginnen. Als Material standen mir für das Mauerwerk Kalksandsteine und für den Schornstein Gitterziegel zur Verfügung. Ich mauerte mit einem verlängerten Zementmörtel. Beim Schornstein musste ich besonders auf eine glatte Innenseite des Rauchrohrs achten (Fugen dicht), damit keine Rauchwirbel entstehen. An den Türanschlag kamen auf die dritte und elfte. Schicht Dübelsteine. Gemauert wurde nach dem üblichen Mauerverband im Kreuzverband. Die angesprochenen *Dübelsteine dienten dafür das Türfutter zu befestigen. Natürlich wurde noch ein weiterer Dübel unterhalb der Türsturze eingesetzt.*

Bemerkenswert bei diesem Bericht ist, dass hier für das Mauerwerk eine Mischung aus Kalksandsteinen und Ziegel verwendet wurde. Die Kalksandsteine haben wir nur Im Keller verarbeitet, alles was außen lag und später verputzt wurde war einheitlich rot. Die Kalksandsteine waren sehr beliebt, da sie sehr maßhaltig waren und sich mit dem Maurerhammer gut bearbeiten ließen. Mit Blick auf den "Sparverband" ist noch zu vermerken, dass der "Alte" sehr darauf bedacht war, dass alle Steinstücke verarbeitet wurden. Bei seinen Kontrollgängen warf er uns gerne Viertelsteine wieder auf das Gerüst, damit diese auf der Rückseite einer Wand in der Läuferschicht oder im Innern einer dickeren Mauer wieder eingebaut wurden. Man war halt sparsam.

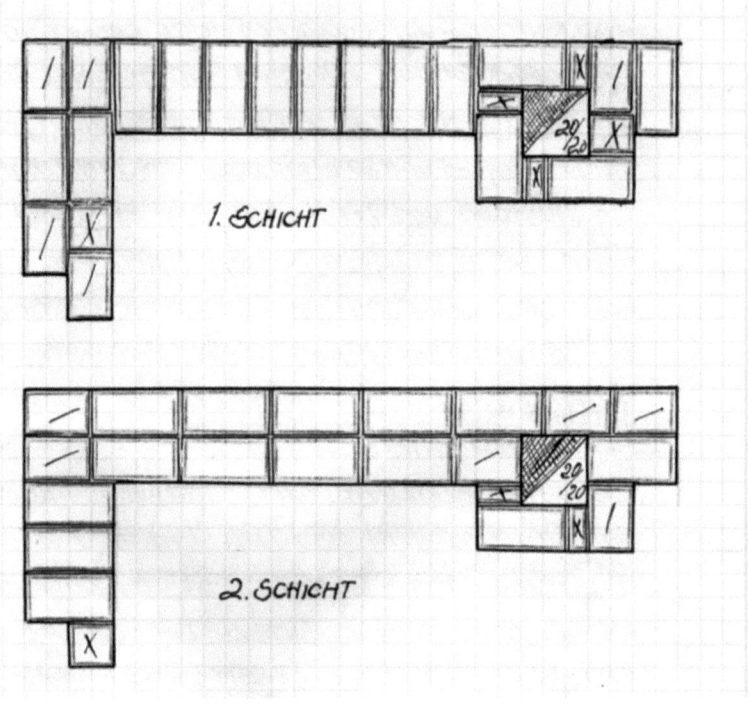

Zeichnung zu 8.1.

8.2. Der Kreuzverband (Auszug aus dem Werkstattwochenbuch)

Bei einem Neubau in Lehrte bekam ich vom Polier den Auftrag eine einsteinige Wand mit einem geraden Mauerende zu mauern. Die Mauer war mit einer liegenden Verzahnung abzuschließen. Um die Mauer auch rechtwinklig zu anderen Wänden zu bekommen, nahm ich an beiden Enden ein Stichmaß und legte danach zuerst den Stein am geraden Abschluss. Von einer in der Verlängerung zu meiner Mauer stehenden Wand spannte ich eine Schnur um eine gerade Flucht zu bekommen und um in der richtigen Höhe zu bleiben. In der ersten Schicht, einer Läuferschicht hatte ich nach jedem zweiten Stein einen Stoßleistenklotz trocken einzumauern. In der dritten Schicht musste ich hinter dem Dreiquartier am Anfang der Läuferschicht einen Binder setzen, um einen Kreuzverband zu erhalten. Hätte ich den Binder fehlen lassen, hätte ich einen Blockverband gemauert. Ein ordentliches Mauern mit Doppelsteinen aus der Lehrter Ziegelei ist gar nicht so einfach, da diese sehr unzentrisch sind und erhebliche Höhenunterschiede aufweisen. Jede zweite Schicht am Anschlag musste ich loten, damit das Mauerende auch tadellos gerade wurde. Nach der neunten Schicht musste ich unterbrechen, da ich auf Rüsthöhe angelangt war.

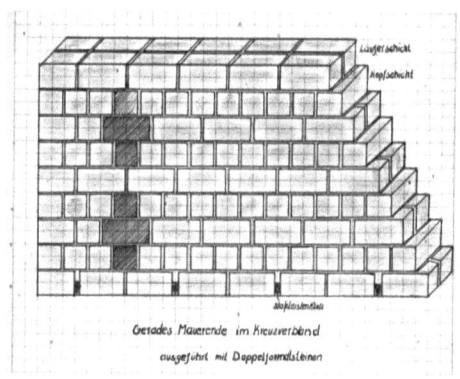

Gerades Mauerende im Kreuzverband
ausgeführt mit Doppeljormalsteinen

25

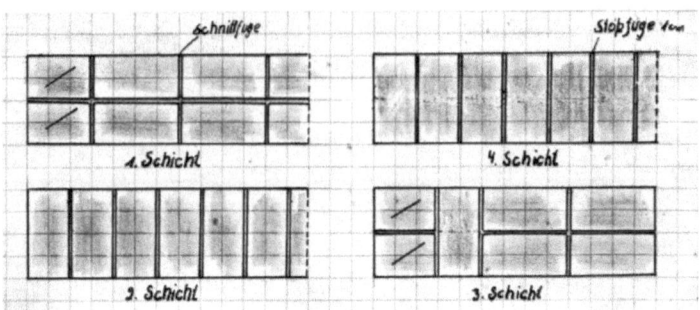

Zeichnung zu 8.2

8.3. Fensterpfeiler

Nachstehend noch ein Beispiel für die Arbeiten, die ich auszuführen hatte, mit den Aufzeichnungen aus dem Werkstattwochenbuch.

*Fensterpfeiler: Bei der Herstellung des Kellermauerwerks bei
einem Neubau bekam ich den Auftrag einen Fensterpfeiler zu
mauern. Der Polier hatte bereits die Fenster auf der Außenseite des Mauerwerks angezeichnet (siehe Zeichnung). Nachdem
ich die Schicht gemauert hatte, auf der die Fenster angelegt
werden sollten, lotete ich die Anschläge hoch und konnte mit
dem Pfeiler beginnen. Der Pfeiler hatte auf der Innenseite je 6
cm Anschlag, so dass die Außenseite 103 cm, die Innenseite
aber nur 91 cm lang war. Lag die Läuferschicht nach außen, so
mauerte ich einen ganzen und zwei Dreiviertelsteine am Ende
der Mauer. In der Kopfschicht begann ich mit einem Viertel-
quartier und zwei Dreiquartieren. Durch einen Sparverband
konnte ich alle Quartierstücke wieder verwenden. Eine Schicht
unter dem Widerlager wurde eine Isolierschicht aus 300er
Teerpappe eingelegt. Zu den letzten drei Schichten musste ich
die Steine am Anschlag etwas abschrägen, damit ein Widerlager für den Segmentbogen über dem Fenster entstand. Ausge-*

führt wurde das Mauerwerk mit Kalksandsteinen auf der Kellerseite und Mauerziegeln auf der Innenseite.

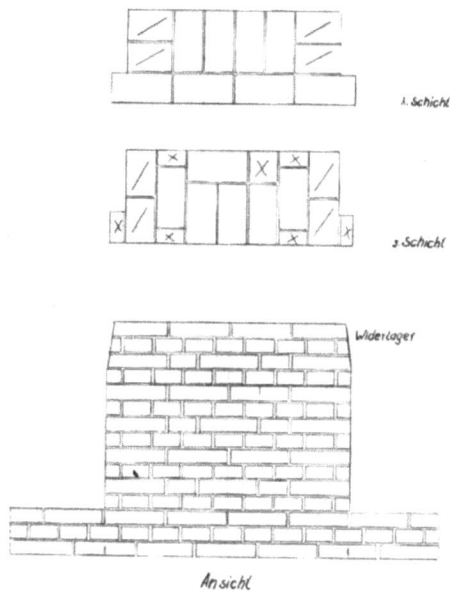

Zeichnung zu 8.3

8.4. Mauer im Kreuzverband mit stehender Verzahnung

Bericht im Werkstattbuch:
In einem Stahlbetonbau in Hannover-Wülfel hatten wir eine ca. 25,00 m lange, einsteinige Wand im Kreuzverband zu mauern. In Abständen von vier Metern in dieser Mauer durchgehende Schlitze von 25 cm Breite. Um einen innigen Verband zwischen dem Stahlbeton und dem Ziegelmauerwerk zu erhalten wurde eine 6,5 cm starke Verzahnung gelassen (stehende Verzahnung). Der Mauerschlitz musste genau lotrecht liegen und im lichten Maß wenigstens 25 cm betragen,

damit die statisch wichtigen Pfeiler später nicht schräg liegen und die Bewehrungskörbe richtig eingesetzt werden können. Bei der Ausführung des Mauerwerks begannen wir mit einer Läuferschicht. An den Mauerschlitzen wurde die Läuferschicht jedoch nicht mit einem Dreiquartier, sondern mit einem Binder, bzw. mit einem ganzen Stein begonnen, da bei der viertelsteinigen Verzahnung sonst in der Binderschicht die Stoßfugen aufeinander gefallen wären. Die zweite Schicht war eine Kopfschicht, die einen Viertelstein zur Seite versprang. Nach der zweiten Schicht folgte eine Isolierung mit 300er Teerpappe. Die dritte Schicht wurde wieder nicht mit einem Dreiquartier, sondern mit einem ganzen, bzw. Binder begonnen, so dass ein Kreuzverband entstand, in welchem die Läufer nur in jeder fünften Schicht übereinander liegen. Die Mauer wurde mit Mauerziegeln im Normalformat ausgeführt. Als Mörtel diente Kalkmörtel mit geringem Zementzusatz.

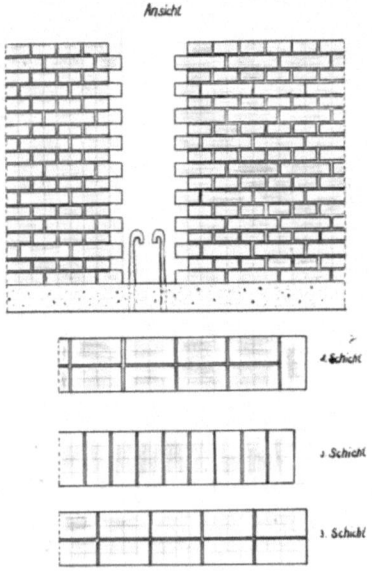

Zeichnung zu 8.4

28

8.5. Mauerwerk verfugen

In Niedersachsen wurde häufig Sichtmauerwerk hergestellt. Dabei wurden das Aufmauern und das Verfugen in zwei getrennten Arbeitsgängen vorgenommen. Dem Verfugen habe ich einen ganzen Bericht in meinem Werkstattwochenbuch gewidmet.

Ich bekam den Auftrag mit einem Gesellen eine Gartenmauer mit Kunststeinplatten abzudecken und zu verfugen. Zuerst verdünnte ich Salzsäure in einem Holzeimer 1:10, um das Mauerwerk abzusäuern und somit alle Kalkteilchen zu entfernen. Mit einem alten Schrubber scheuerte ich die Steine gründlich ab. Gleich nach dem Absäuern musste ich die Mauer mit klarem Wasser abspülen, damit auch alle Säureteilchen entfernt wurden, da sonst Ausblühungen entstehen. Jetzt konnten wir mit dem Verfugen beginnen. Der Fugmörtel war ein Kalkzementmörtel 1:4 und ziemlich hart, aber doch geschmeidig gehalten, damit er sich gut in die Fugen drücken läßt. Zuerst wurden alle Lagerfugen voll gestrichen, dann die Stoßfugen. Der Fugmörtel durfte weder aus den Fugen vortreten, noch zurückliegen, da er sonst dem Regen eine Angriffsfläche bietet.

Nachdem das Mauerwerk verfugt war, musste die Mauer noch mit Kunststeinplatten abgedeckt werden. An jedem Ende der Mauer legten wir erst eine Platte, um dann eine Fluchtschnur anzuspannen, nach der die anderen Platten verlegt wurden und zwar in reinem Zementmörtel. Die Stoß-und Lagerfugen wurden auch hier voll ausgefugt um ein Eindringen von Wasser zu verhindern.

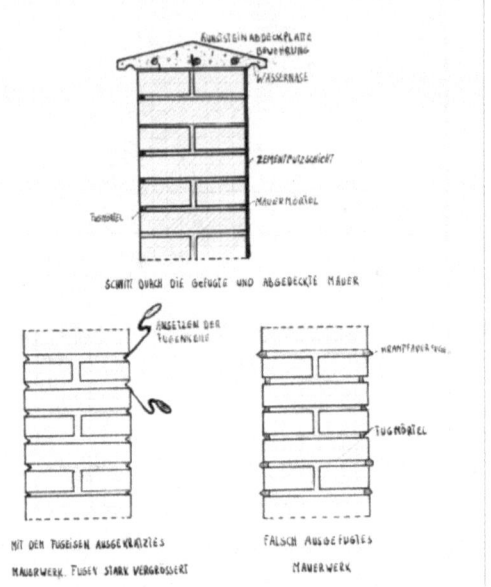

Zeichnung zu 8.5

8.6. Mauern mit Hohlblocksteinen

Die Maurer waren gewöhnt mit Ziegeln im Reisformat (25x12x6,5cm) zu mauern, obwohl es auch einige andere Formate gab, die aber bei uns kaum verwendet wurden. Diese Steine gab es auch im Doppelformat, also 12,5 cm hoch. Sehr unbeliebt waren die Hohlblocksteine, die es aus verschiedenen Materialien gab, bei uns häufig als Kalksandsteine, da es in der Umgebung von Hannover einige Kalksandsteinfabriken gab. Das Arbeiten mit sogenannten "Thermexsteinen" habe ich in einem Wochenbericht beschrieben.

Bei einem Neubau in Hannover hatten wir Geschoßmauern mit Thermexsteinen zu mauern. Die Steine hatten ein Format von 25 x 30 x 16,5 cm. Wenn ich mich richtig erinnere, bestanden sie aus Ziegelsplittbeton. Der Steinkörper war durch verschiedene Löcher (siehe Abbildung) hohl gemacht, ähnlich wie bei den Kalksandstein-Hohlblocksteinen. Die Oberseite der Steine war geschlossen. Wir mauerten mit verlängertem Zementmörtel in halbsteinigen Verband. Die Steine wurden so aufgelegt, dass die Unterseite mit den Löchern auf den Mörtel zu liegen kam, so konnte kein Mörtel in die Löcher eindringen. Durch dieses System wird ein inniger Verbund zwischen Steinen und Mörtel erzielt. Da der Stein eine ebene, geschlossene Oberfläche hat, kann der Mörtel für die nächste Schicht gut aufgetragen werden. Beim Mauern legten wir zuerst den Lagerfugenmörtel auf und warfen den Mörtel für die Stoßfugen an den nebenstehenden Stein. Der Stein wird dann fest in den Mörtel eingedrückt, so dass die Fugen völlig geschlossen sind. Für Fenster und Türanschläge gab es besondere Anschlagsteine. Der Vorteil der Thermexsteine liegt vor allem im geringen Mörtelverbrauch und der schnelleren Verarbeitung.

Beliebt waren die Steine nicht, wegen ihres erheblichen Gewichts. Es gab dann noch eine andere Sorte als Hohlblockstein, der wurde aus Hochofenschlacke hergestellt und hatte eine sehr raue, mit winzigen spitzen Splittern versehene Oberfläche, die dazu führte, dass an den Fingerkuppen die Haut bald abgescheuert war. Handschuhe gab es damals noch nicht, und der Versuch mit den üblichen Strickhandschuhen funktionierte auch nicht, weil diese auch bald durchgescheuert waren und man mit dem Handschuh die Kelle nicht gut festhalten konnte. Es gab blutige Fingerkuppen, die wir mit Hansaplast und Isolierband zu schützen versuchten.

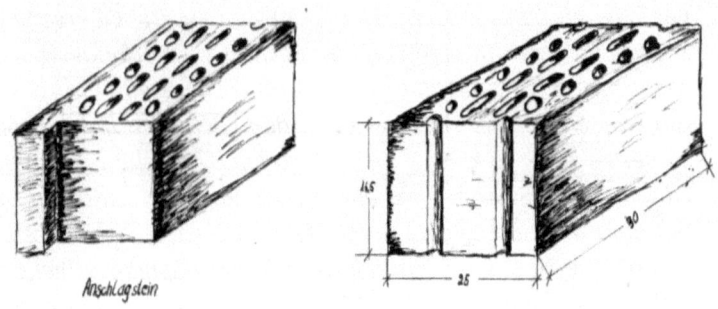

Anschlagstein

Hohlblocksteine

8.7. Ziegelformate

In verschieden Regionen und im Laufe der Geschichte wurden die unterschiedlichsten Formate für Mauerziegel verwendet. So gab es das Klosterformat, einen Ziegel der in den einzelnen Klosterschulen durchaus unterschiedliche Maße haben konnte. Durchschnittsmaße lagen bei Größen von 28 cm x 15 cm und 9cm Höhe, bis zu 30 x 14 x 10 cm. Die Fugen waren ca. 1,4 cm dick. Bekannt war auch das Elbformat mit den Abmessungen 23 x 11 x 5,2 cm und der friesische Ziegel 20,6 x 10 x 5,1 cm. In Deutschland noch anzutreffen ist auch Mauerwerk aus der Römerzeit, welches aus Flachziegeln hergestellt wurde, wobei die Fugen fast so dick waren wie die Ziegel.

Im Zuge der Industrialisierung entstanden größere Ziegeleien, die ihre Produkte nicht nur in der näheren Umgebung vertrieben, daher wurde eine Vereinheitlichung der Ziegelformate im Deutschen Reich notwendig. Im Jahre 1872 wurde das Reichsformat eingeführt, ein cbm Mauerwerk bestand dann einschließlich der Fugen aus 400 Steinen mit 13 Schichten für einen Meter. Durch die Abmessung von 25 x 12 x 6,5 cm ergaben sich Wanddicken von 12, 25, 38 und 51 cm unter

Berücksichtigung von 1,2 cm Lagerfuge und 1 cm Stoßfuge. Die Anlieferung der Steine erfolgte auf Lastwagen, die von der Mannschaft auf der Baustelle von Hand entladen wurde, wobei die Ziegel dann hochkant in kleinen Türmen von 200 Stück gestapelt wurden. Nach meinem Werkstattbuch wurde das neue, heute noch gültige Bundesformat wohl Ende 1954 bei uns üblich. Ich habe da folgenden Bericht dazu verfasst:

Wir hatten auf einer Baustelle in Hannover Ziegel im Bundesformat bekommen, da diese sich den Normen der Schlackensteine besser anpassen. Das neue Format erleichtert beim Anlegen der Mauern die Arbeit sehr, da sich alle Maße auf 25 und 50 cm ergänzen. Der Stein hat die Abmessungen von 7,1 x 11,5 x 24 cm, das entspricht mit Fugen genau acht Köpfe auf einem Meter. In der Höhe rechnet man für drei Schichten 25 cm, also 12 Schichten auf einen Meter. Bei einseitig angelegten Mauerwerk kann man die Maße sehr gut übersehen, 12,5 - 25 - 37,5 - 50 cm. Bei freistehenden Mauern oder beidseitig angelegten Wänden (Öffnungen) sind stets 1 cm ab- bzw. zuzuziehen. Öffnungen 13,5 - 26 - 38,5 - 51 cm. Die ungewohnten Maße des einzelnen Steins, der auch etwas schwerer war als gewohnt, rief bei den älteren Gesellen Befremden hervor, doch ich habe die Erfahrung gemacht, dass sich mit dem Bundesformat besser arbeiten lässt.

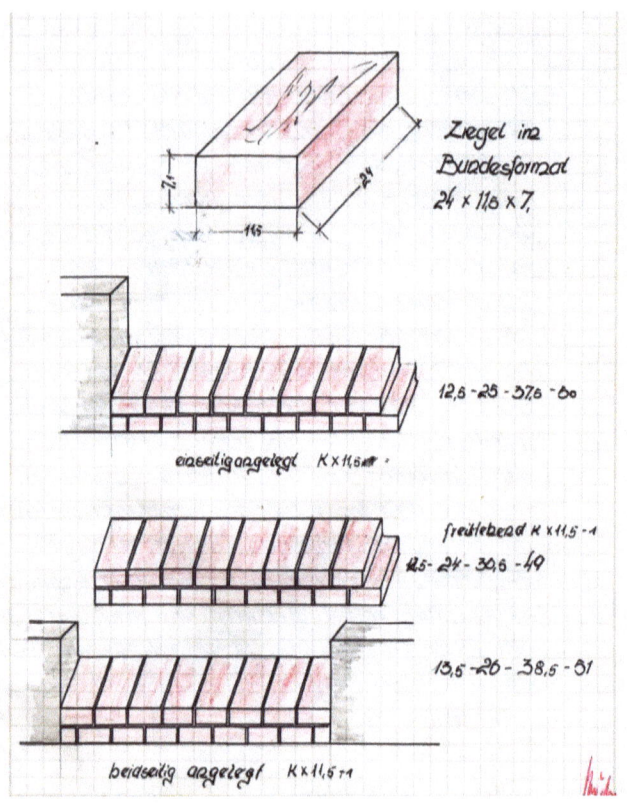

Ziegel im Bundesformat 24 x 11,5 x 7

12,5 - 25 - 37,5 - 50

einseitig angelegt K x 11,5 - ·

freiliegend K x 11,5 - 1
12,5 - 24 - 36,5 - 49

13,5 - 26 - 38,5 - 51

beidseitig angelegt K x 11,5 - 1

Mauermaße im Bundesformat

8.8. Weitere Mauerverbände

Üblicherweise wurde für Mauerwerk in der Dicke von einem Stein oder dicker bei uns der Kreuzverband verwendet, zumal wenn diese Wände später verputzt werden sollten. Beim Sichtmauerwerk mit Mauerklinkern kamen aber auch andere Verbände zur Ausführung. In der nachstehenden Ausarbeitung im Werkstattwochenbuch wird ein zweischaliges Mauerwerk im "Gotischen Verband" beschrieben, bei welchem in

34

jeder Schicht zwei Läufer mit einem Binder abwechseln. Wir hatten das damals so gelernt, aber es scheint da eine gewisse Sprachverwirrung bestanden zu haben. Nach der Literatur handelt es sich hier um den *"Märkischen" Verband*. Weiter Verbände waren der *"Polnische"*, *"Wendische"* oder *"Gotische" Verband*, bei welchen sich Läufer und Binder in einer Schicht abwechseln und der *"Flämische"* oder *"Holländische Verband"*, bei dem eine Binderschicht mit einer "gotischen" Schicht sich abwechseln.

Im Werkstattwochenbuch habe ich ein Beispiel für eine Mauer im "Zierverband" beschrieben:

Wir hatten einen Klinkersockel im "Gotischen Verband" ("Märkischer Verband") herzustellen. Die Klinker waren nur halbsteinig vorgeblendet. Auf der Innenseite des Hohlschichtmauerwerks wurden Kalksandsteine vermauert. Die Regel für unseren Verband lautet: Zwei Läufer und ein Kopf wechseln sich ab. Die Gesellen hatten die Ecken gemauert und wir konnten jetzt die Flucht hochziehen. Wir verarbeiteten einen Kalkmörtel mit Zementzusatz. Mit besonderer Sorgfalt achteten wir auch die Stärke der Stoßfugen, damit die Köpfe auch genau lotrecht übereinander zu liegen kamen.

Ebenfalls mussten wir die Schnur äußerst straff anspannen, um die Steine peinlichst genau nach der Schnur zu setzen. Beim Mauern achteten wir darauf, dass das Mauerwerk nicht allzu verschmiert wurde. Jede vierte Schicht wurde mit verzinktem Hohlschichtanker im Abstand von 50 cm verlegt. Die Hohlschicht wurde mit einem Beton aus Hochofenschlacke ausgefüllt. Zwei Schichten unter dem Deckenauflager wurde eine Pappisolierung verlegt. Bevor wir die Arbeit abschlossen kratzten wir die Fugen mit der Fugenkelle aus, damit später der Fugenmörtel richtig eingedrückt werden kann.

Ansicht des Klinkersockels

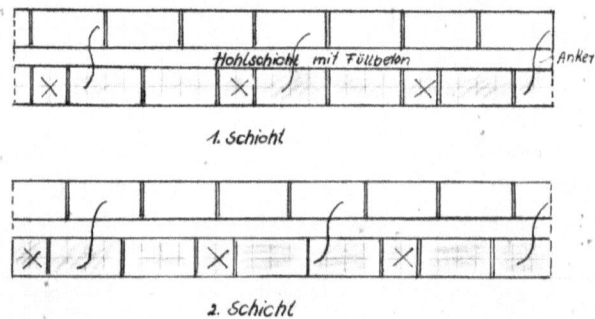

Hohlschicht mit Füllbeton   Anker

1. Schicht

2. Schicht

Zeichnung zu 8.9

9. Mauermörtel

Bisher hatte ich mich vor allem mit den Mauersteinen beschäftigt, doch gehört zur Herstellung von Mauerwerk auch
der Mörtel, der die einzelnen Steine miteinander verbindet.
Der Mörtel besteht aus Sand und einem Bindemittel. In erster
Linie wird hier Kalk verwendet, aber auch wie schon dargestellt mit einem Zusatz von Zement. Wir verwendeten Luftkalke, also ein Bindemittel, welches an der Luft erhärtet. Das
Rohmaterial besteht aus Kalkstein, welcher nur geringe Mengen an Beimengungen wie Ton und Mergel enthalten darf.
Der im Steinbruch gewonnene Kalkstein wird in Schachtöfen
bei ca. 1000°C gebrannt, wobei die im Kalk enthaltene Koh-

lensäure und die Feuchtigkeit entweicht. Der gebrannte Kalk hat das Bestreben die entwichene Kohlensäure und das verlorengegangene Wasser wieder aufzunehmen, um wieder ein hartes Gestein zu werden. Der gebrannte Stein wird daher beim Transport und bei der Lagerung vor Feuchtigkeit und Luftzufuhr geschützt.

Die Aufnahme von Wasser wird durch das "Löschen" erreicht, während die Zufuhr von Kohlensäure erst beim Erhärten aus der Luft erfolgt. Das "Löschen" des Kalks erfolgt in einer großen Pfanne, in welcher die Kalkbrocken mit Wasser besprengt werden, bis sie weitgehend mit Wasser bedeckt sind. Bei der Wasseraufnahme entstehen Temperaturen von bis zu 150° C und die Kalkbrocken zerspringen. Jetzt wird mit einer langen "Kalkkrücke" das Ganze durcheinander gemengt. Es wird dann weiter Wasser hinzugefügt, bis unter ständigem Umrühren eine dünne Kalkmilch entsteht. Durch ein Sieb wird diese Brühe in eine tiefer liegende Grube geleitet. Hier wird der Kalk ca. vier Wochen gelagert, soweit er zum Mauern verwendet werden soll. Kalk für Putzzwecke soll mindestens sechs Wochen lagern. Das Wasser verdunstet und es entsteht eine plastische Kalkmasse, die durch eine Sandschicht vor Kohlensäureaufnahme geschützt wird. Bei der Mörtelherstellung wird zum Mauern der Kalk mit Sand im Mischungsverhältnis 1:3 gemischt. Der Kalk kann jetzt wieder die Kohlensäure aus der Luft aufnehmen und erhärten.

Diese Darstellung zeigt sehr anschaulich den chemischen Vorgang bei der Herstellung eines Mauerwerks als homogenes Gefüge. In der Berufsschule haben wir natürlich diesen Stoff lernen müssen, obwohl kaum noch auf einer Baustelle Kalk gelöscht wurde, zumindest nicht in unserer Firma. Wir erhielten den Kalk als Pulver in Papiersäcken, aber meist als ein Kalk/Sandgemisch, welches mit dem LKW angeliefert wurde. Ich glaube, dass wir Lehrlinge und wohl auch die meisten Gesellen sich kaum Gedanken über die Chemie beim Mauern gemacht haben. Wir nahmen es einfach hin, dass der Mörtel nach einiger Zeit hart wurde.

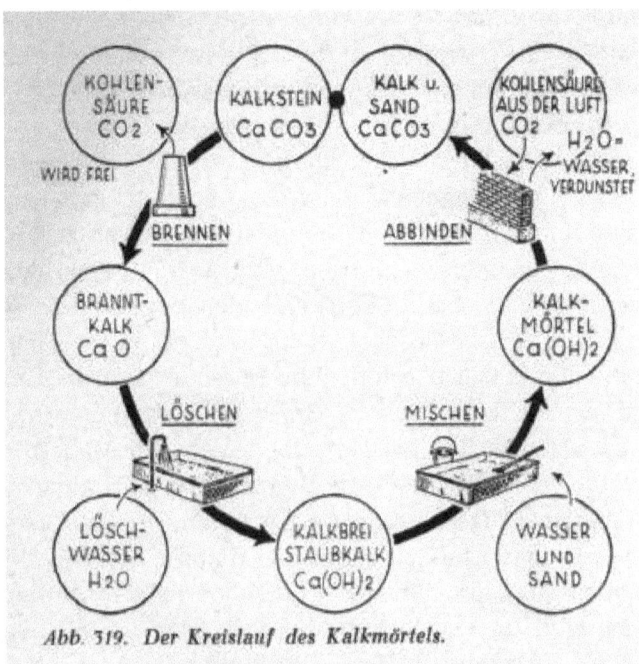

Abb. 319. Der Kreislauf des Kalkmörtels.

10. Weitere Mauerarbeiten

10.1: Einen Lichtschacht mauern (Auszug aus dem Werkstattwochenbuch)

Bei einem Neubau in Hannover hatte ich einen Lichtschacht zu mauern. Bei der Herstellung des Kellermauerwerks waren vier Schichten unter der Sohlbank NP8 Träger eingemauert worden, zwischen denen wir eine Betonplatte stampften (M1:6). Auf diese Platte wurde der Kellerlichtschacht gemauert. Das

Mauerwerk war 25 cm stark und wurde durch eine bereits vorhandene Lochverzahnung mit dem Kellermauerwerk verbunden. Auf der ersten Schicht ließen wir zwei kleine Schlitze, aus denen das Regenwasser ablaufen konnte. Nachdem das Mauerwerk fertig war, mußte es von innen und außen mit Zementmörtel verputzt werden. Zur Isolierung strichen wir von außen zweimal mit Inertol. Auf dem Boden des Lichtschachtes wurde ein Estrich gezogen , der Gefälle zu den Sickerschlitzen hatte. Die Oberseite des Lichtschachtes wurde mit Zementputz versehen und abgerundet

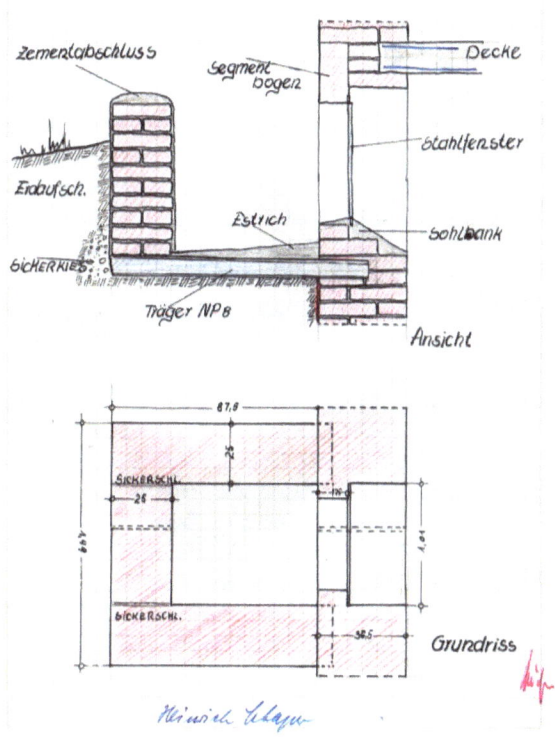

Zeichnung zu 10.1

39

10.2. Schacht für eine Wasseruhr herstellen. (Auszug aus dem Werkstattwochenbuch)

Ich bekam vom Polier den Auftrag einen Schacht für eine Wasseruhr fertigzustellen. Die Bodenplatte war bereits betoniert und die erste Schicht angelegt. Der Schacht hatte eine Länge von 1,29 m und eine Breite von 1,16 m. Er sollte 93 cm tief sein, das entsprach 12 Schichten. Gemauert wurde mit Normalziegeln (Wabensteine) mit Kalkmörtel und Zementzusatz. Ich mauerte im Kreuzverband nach den bekannten Regeln. Auf die 3. und 8. Schicht musste ich Steigeisen einsetzen. Dieses machte ich mit reinem Zementmörtel, da dieser eine gute Festigkeit gewährleistet. Die 11. Schicht musste ich um 3 cm einspringen lassen (siehe Zeichnung), da sich später die Abdeckplatte drauflegen sollte. Das Mauerwerk wurde von innen und außen gefugt. Zum Abschluss brachte ich auf die Bodenplatte einen 3 cm dicken Zementestrich auf, der geglättet wurde. Nachdem der Schacht mit Brettern abgedeckt war, hatte ich meine Arbeit erledigt.

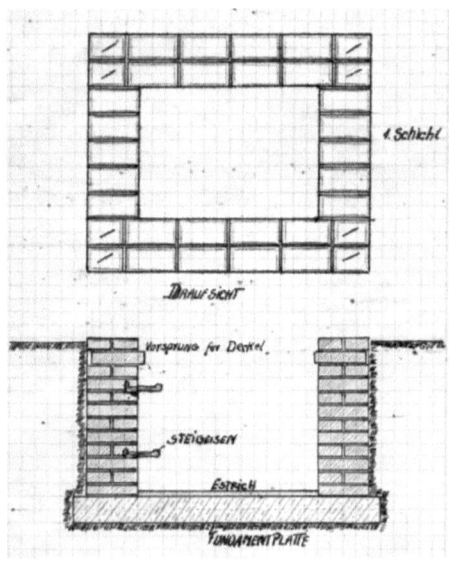

40

10.3. Einen Balkenkopf einmauern (Auszug aus dem Werkstattwochenbuch)

Bei einem Neubau in Hannover hatten wir mehrere Balken- und Pfettenköpfe einzumauern. Hierbei mußten wir beachten, daß das Holz nicht "erstickte", das heißt, das Holz muss atmen können. Unter den Balken wurde erst einmal eine Pappisolierung gelegt, die dann um den ganzen Balkenkopf geschlungen wurde. An den Seiten wurde das Holz trocken eingemauert um Schäden durch Kalk zu verhindern. Von vorn wurde eine Luftschicht gelassen und eine Dämmplatte mit eingemauert (Siehe Zeichnung). Bei diesem Arbeitsvorgang ist das Holz vor einer späteren Zerstörung sicher.

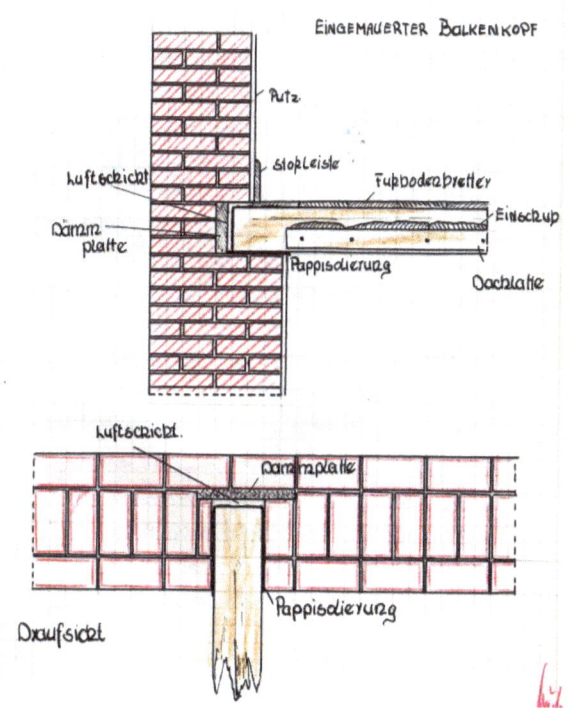

10.4. Segmentbogen mauern (Auszug aus dem Werkstatt-wochenbuch)

Ich bekam vom Polier den Auftrag einen Segmentbogen über ein Kellerfenster zu mauern. Das Fenster hatte eine lichte Breite 90,5 cm, das entsprach genau 13 Bogensteine mit je 0,5 cm Fuge. Der Bogen wurde nur halbsteinig gemauert, da sich dahinter ein Betonsturz legte. Das Einschalen des Bogens geschah wie folgt: Ich schnitt zwei Bretter in einer Länge von 90 cm. Das eine Brett wurde in der Mitte bei 45,5 cm eingesägt, damit es sich an diesem Punkt biegt. Unter diesem Punkt legte ich ein 2 cm starkes Holz (Stichhöhe) und nagelte die Bretter zusammen. Hierdurch war ein Lehrbogen entstanden. Ich legte ihn auf zwei Kanthölzer, die ich mit Keilen auf die richtige Höhe brachte. Damit meine Schalung auch fest saß, keilte ich sie an den Seiten auch fest. Jetzt konnte ich mit dem Mauern beginnen. Die Steine wurden an den Flachseiten mit Mörtel belegt und dann abwechselnd von den Widerlagern zur Bogenmitte gemauert. Der Schlußstein wurde von oben eingeschoben und fest verfugt. Gemauert wurde mit verlängertem Zementmörtel. Damit der Bogen nach außen keinen Bauch bekam, hielt ich als er fertig, war ein Brett an und prüfte die Flucht.

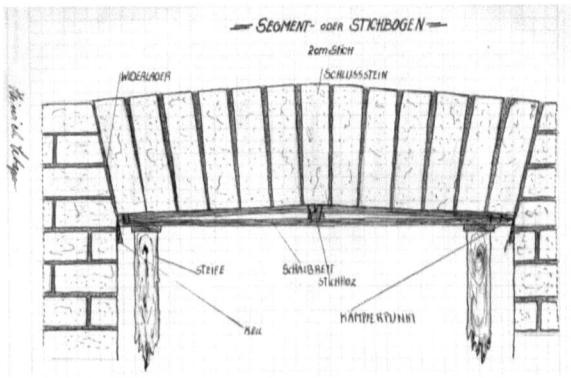

42

In diesem Zusammenhang noch eine Anmerkung. Eine Mauer besteht aus den Steinen und aus Mörtel, der von uns Speis genannt wurde. Er verbindet die Steine miteinander. Wir verwendeten in erster Linie Kalkmörtel, der je nach Beanspruchung einen Zusatz aus Zement bekam. Der erdfeuchte Mörtel wurde von den Handlangern an den Arbeitsplatz der Maurer in einen dort bereitstehenden Kübel aus Stahlblech gebracht. Wir haben dann den Speis mit einem speziellen Spaten aufgearbeitet. Neben dem Kübel stand ein Blecheimer mit Wasser, das wir dem Speis zugaben, damit er schön geschmeidig wurde. Wenn dem Mörtel Zement zugesetzt werden sollte, stand neben dem Kübel ein Zementsack, aus welchem wir nach Weisung des Poliers Zement zugaben, wobei für die Menge ein gewisses Augenmaß eine Rolle spielte. Letztlich haben wir an der Farbe des Mörtels abgeschätzt ob auch nicht zu viel Zement verwendet wurde, das war der Fall, wenn der Speis zu blau wurde.

10.5. Schornstein mauern

Ein besonderes Thema war der Bau von Schornsteinen mit normalen Mauerziegeln und für mich ein Aufstieg in eine höhere Stufe der Maurerkunst. In meinem Bauberichtsheft vom Mai 1954 finde ich folgenden Eintrag:
Bei einem Neubau in Hannover hatten wir auf dem Dachboden Schornsteine zu mauern. Ich musste mit meinem Mitlehrling Heini Wächter einen Schornstein bis über die Wechsel in der Kehlbalkenlage ziehen. Zuerst nagelten wir uns auf die Kehlbalken zwei Latten, die vom Wechselholz 8 cm fernblieben und befestigten daran vier Schnüre, nach der wir den Schornstein mühelos mauern konnten. (Siehe Zeichnung). Es waren zwei Rohre 14 x 14 cm. Beim Mauern richteten wir uns nach den bekannten Schornsteinregeln. Die Zunge wurde abwechselnd eingebunden. Einen Meter über dem Boden ließen wir Löcher für die Schornsteinschieber, die später eingebaut wur-

den. Wir hatten besonders darauf zu achten, dass die Fugen dicht gemauert wurden. Um ein möglichst glattes Rauchrohr zu bekommen, strichen wir die Fugen voll. An der Wechselung mussten wir die Schichten aussetzen, damit der Schornstein Halt bekam. Die sonst halbsteinige Wange wurde hier zwanzig Zentimeter breit (Wange und 8 cm Holzabstand). Gemauert wurde mit Normalsteinen MZ 100 (Wabenstein und Sieben-lochziegel) und verlängertem Zementmörtel.

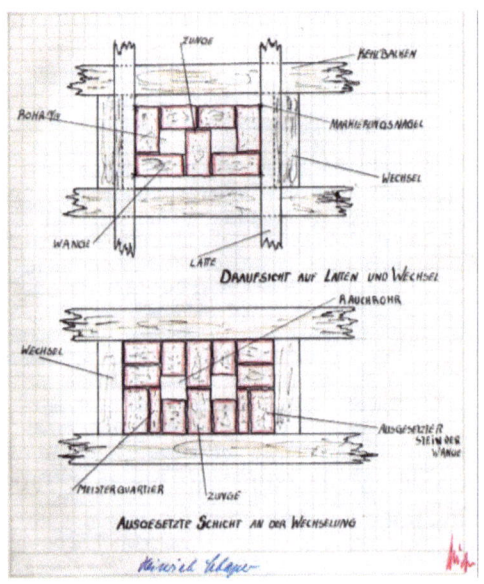

10.6. Gerüst für das Mauern eines Schornsteinkopfs

Die notwendige Einrüstung des Schornsteins um den Schorn-steinkopf zu mauern, habe ich in meinem Bautagebuch wie folgt beschrieben:

Der Schornstein befand sich genau unter der Firstlinie. Wir banden an jeder Seite des Schornsteins an die Sparren einen Baum als Ständer an. Zum Binden benutzten wir verzinkten Gerüstdraht. An diese vier Ständer banden wir auf zwei Seiten des Schornsteins horizontal zwei Bäume, damit war der Grundstock für das Gerüst fertig (Siehe Zeichnung).Dann legten wir auf die" Anbinder" parallel zur Firstlinie einen doppelten Belag von Gerüstbohlen und stellten nach außen ein Brett hochkant als "Schmeissplanke". Um ein seitliches Verschieben des Gerüsts zu verhindern, wurde es mit Schalbrettern über Kreuz abgeschwertet. Den Vorschriften entsprechend nagelten wir in Brusthöhe, um das Gerüst eine Brüstung. Auf einer Seite stellten wir eine Maurerleiter an und banden diese am Gerüst fest. Selbstverständlich wurden für den Gerüstbau nur einwandfreie Bäume und Bretter benutzt, da jede Schadstelle die Sicherheit des Gerüstes gefährdet hätte.

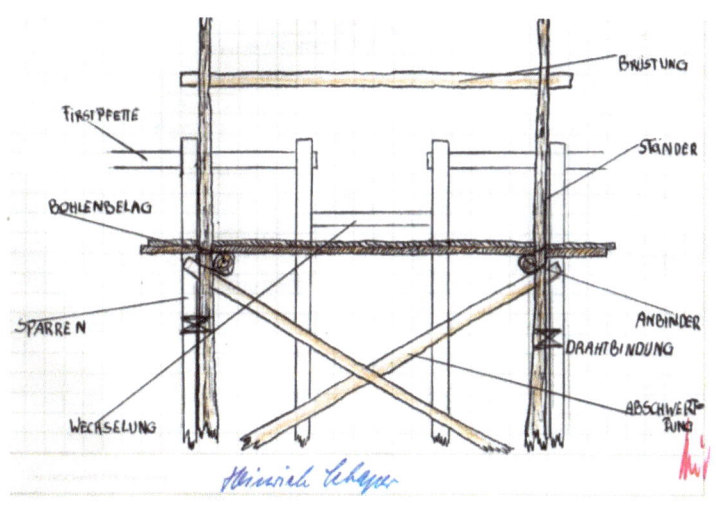

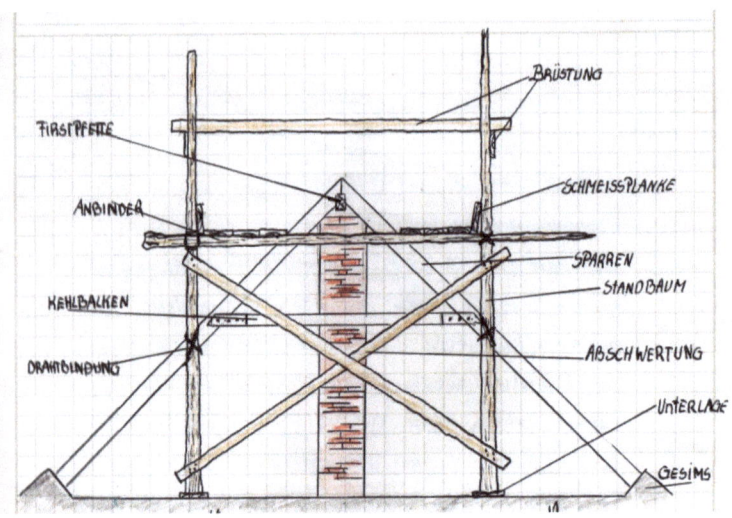

Zeichnung zu 10.6 Gerüst für einen Schornsteinkopf

10.7 Mauern eines Schornsteinkopfs

Die Herstellung eines Schornsteinkopfes war Gesellenarbeit, aber als Lehrling durfte ich mitmachen und konnte so allerlei lernen. Wir hatten einen Schornsteinkopf mit "Dressierung" zu mauern, also einen Kopf, der sich konisch nach oben verjüngt, damit der Wind geschmeidig an der Dachfläche hochgleitend den Rauch ohne besondere Wirbel mitziehen konnte. Obige Zeichnung gehört zum Bautagebuch aus dem Juni 1955, als ich schon im dritten Lehrjahr war. Im Bauberichtsheft habe ich dazu folgenden Bericht geschrieben:
Da der Kopf bereits eingerüstet war, konnten wir sofort mit der Arbeit beginnen. Zuerst mauerten wir bis zur Wechselung an den Sparren und streckten eine Schicht gegen das Holz. Die folgenden zwei Schichten waren genau wie die andere, allerdings kam jetzt eine Schwierigkeit, wir mussten den Schornstein aussetzen, so dass später die Dachhaut darunter greifen konnte. Um ein Kippen der Steine zu verhindern, legten

46

wir auf die Sparren und die Wechsel je ein Kantholz, auf welchem die Steine gestützt lagen. Während der Schornstein sonst mit Normalziegeln gemauert wurde, wurde er über Dach mit Klinker ausgeführt. Zum Mauern benutzten wir Kalkzementmörtel. Da der Schornsteinkopf unten eine 18er und oben eine 12er Wange hatte, lief er konisch nach oben zu. Um eine gleichmäßige Schräge zu erhalten, benutzten wir eine Schmiege, an die wir die Wasserwaage hielten. Der Kopf wurde 50 cm über First geführt. Zum Abschluss wurden die Klinker mit Papier abgerieben und mit verdünnter Salzsäure (HCL +10H2O) gereinigt, dadurch wurden die Kalkspritzer auf den Steinen entfernt. Um ein Eindringen der Säure zu verhindern, welches Ausblühungen hervorrufen würde, wuschen wir den Kopf gründlich mit Wasser ab. Wir haben die Fugen noch ausgekratzt. Das Verfugen und die Betonabdeckung des Kopfs haben Kollegen später ausgeführt.

Die Zeichnung auf der folgenden Seite ist fachlich nicht ganz richtig, die einzelnen Schichten wurden immer etwas zurückversetzt und nicht wie dargestellt auf der Außenseite schräg gehauen. Den Fehler am Wechsel hatte mein Lehrer schon markiert.

Das Foto zeigt wie es auf der Baustelle wirklich zuging. Ein vorbildliches Gerüst gab es nur im Werkstattwochenbuch. Die Schornsteinköpfe im Hintergrund sind zwar fertig gemauert und haben ihre Betonabdeckung, die Steine sind aber noch nicht gereinigt und die Fugen noch nicht geschlossen. Es fehlt dort auch das Gerüst für diese Arbeiten. Warum die Köpfe nicht ganz fertig gestellt wurden ist mir schleierhaft, denn die Bauleitung würde die Arbeit in diesem Zustand sicher nicht abnehmen.

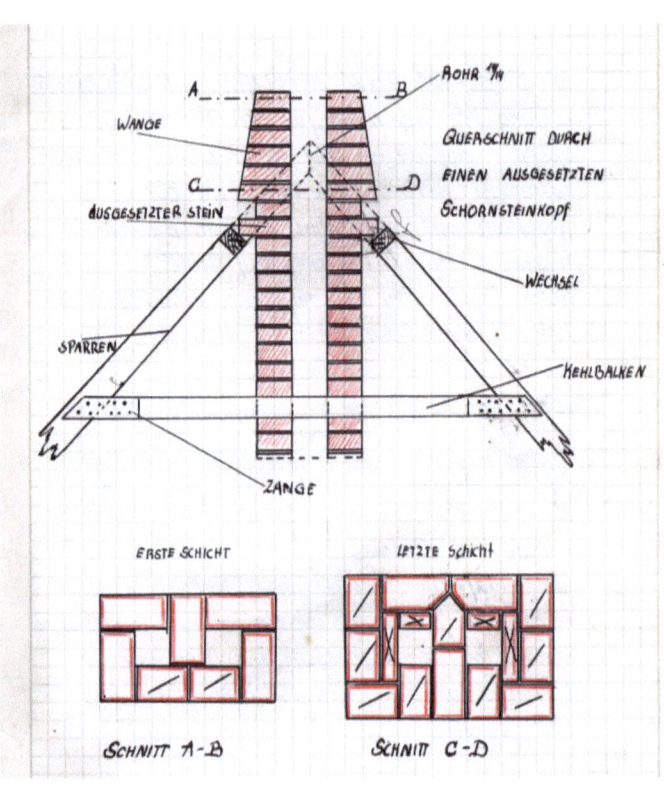

ROHR %

WANGE

QUERSCHNITT DURCH
EINEN AUSGESETZTEN
SCHORNSTEINKOPF

AUSGESETZTER STEIN

WECHSEL

SPARREN

KEHLBALKEN

ZANGE

ERSTE SCHICHT

LETZTE SCHICHT

SCHNITT A-B

SCHNITT C-D

10.7. Bockgerüst (Auszug aus dem Werkstattwochenbuch)

Nachdem wir eine Mauer bis auf Rüsthöhe gemauert hatten, musste ich mit einem anderen Lehrling zusammen ein Bockgerüst erstellen. Wir benutzten dafür Holzböcke von 1,50 m Höhe und stellten diese im Abstand von drei Metern auf. Auf die Böcke legten wir parallel zum Mauerwerk lange Rundhölzer (Stangen) von möglichst gleichmäßigem Durchmesser. Quer zu den Rundhölzern legten wir im Abstand von einem Meter die Netzriegel. Die Netzriegel wurden mit Laufbohlen von 4 cm Stärke und 4,5 m Länge abgedeckt. An den Stößen legten wir zwei Riegel zusammen und hefteten die Gerüstbretter mit einem Stichnagel fest. Da uns nur sehr wenig Holzböcke zur Verfügung standen, mussten wir uns um das Gerüst auf eine größere Länge zu erweitern, Eisenböcke zusätzlich aufstellen. Wir stellten sie im Abstand von 1,5 m von der Mauer auf und legten in ihren Tragarm parallel zur Mauer einen Gerüstbaum. Auf diesen Baum wurden wieder die Riegel gelegt. Auf der anderen Seite wurden sie in Gerüstlöcher, die alle 8 Köpfe gelassen waren, aufgelagert. Der Bohlenbelag wurde bei diesen Böcken genauso hergestellt wie bei Holzböcken. Für beide Rüstungen wurde uns immer wieder eingeprägt: Nur gesundes Rüstzeug verwenden und baut keine "Mausefallen"

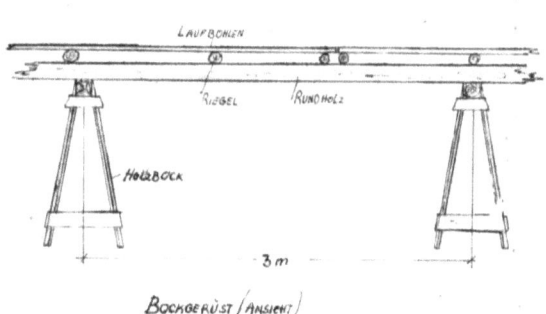

Skizze zu 10.7

49

10.8. Entlüftung innenliegender Räume (Auszug aus dem Werkstattwochenbuch)

Bei einem Neubau in Mittelfelde war zur Entlüftung der Wohnungen ein Entlüftungssystem herzustellen. In den Zimmern wurde kurz über dem Fußboden im Wrasenrohr eine drei Schicht hohe Öffnung gelassen, über der das Rohr abgedeckt wurde. Die Frischluft, die aus dem Luftkanal kam, konnte von hier in das Zimmer eindringen. Da die verbrauchte, warme Luft nach oben steigt, wurde 5 Schichten unter der Decke das Rohr abgedeckt und darüber wieder eine Öffnung gelassen, durch welche die schlechte Luft abziehen konnte. Beim Mauern hatten wir, wie beim Schornstein, streng auf dichte Fugen zu achten. Die Frischluftzufuhr wurde vom Keller aus getätigt. Unter der Decke wurde ein Luftkanal gebaut, durch den die Luft durch Öffnungen in den Außenwänden in das Wrasenrohr steigt. Das Prinzip der Entlüftungsanlage beruht auf das physikalische Gesetz, nach dem die warme Luft leicht ist und steigt, während die schwere, kalte Luft fällt und auf dem Luftdruckunterschied im Rohr. Der Weg der Luft durch Kanal, Rohr, Wohnung und ins Freie ist in beiliegender Zeichnung dargestellt. Zu diesem Bericht noch eine Bemerkung. Ich schrieb im Werkstattwochenbuch über die Entlüftung einer Wohnung, dass mag seltsam klingen, da solche Lüftungsanlagen in der Regel bei innenliegenden Bädern oder Toiletten vorkommen. Wir Maurer wussten nicht in welchen Räumen wir standen, denn die Zeichnung hatte nur der Polier. Er legte die Wände an und wir mauerten, welche Räume entstanden war uns nicht bekannt und interessierte uns auch nicht.

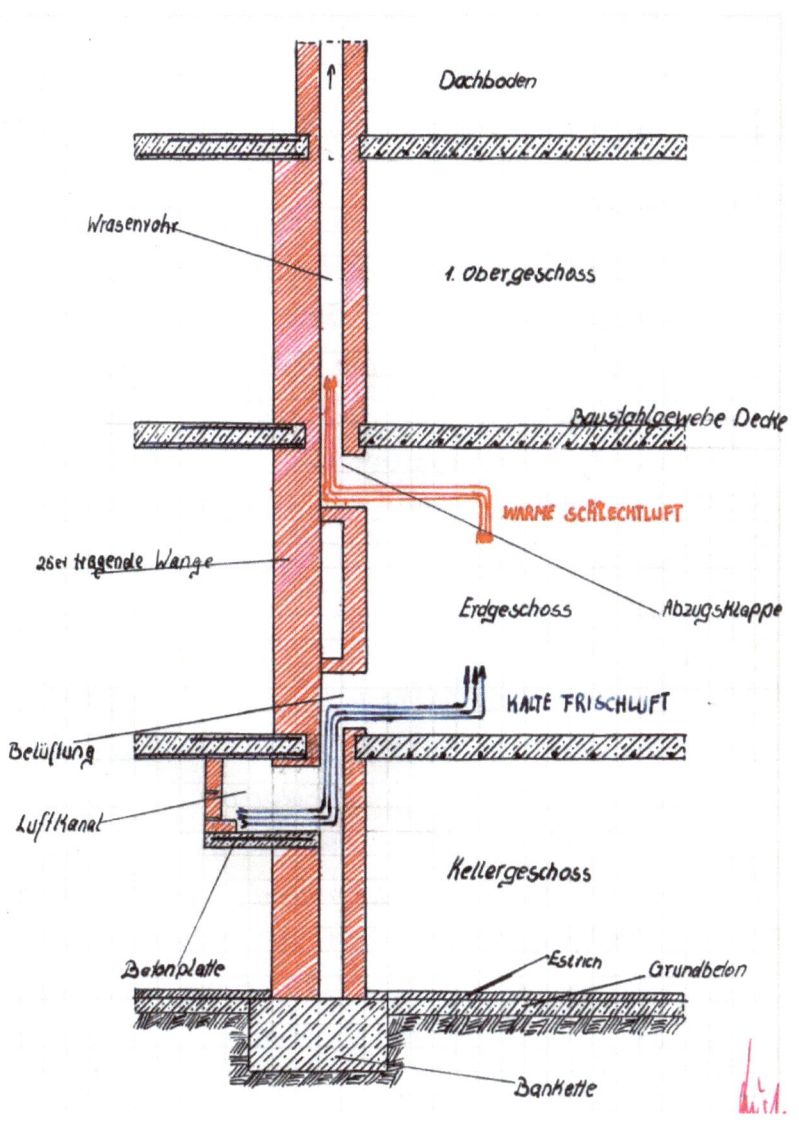

Zeichnung zu 10.8

51

10.9. Gemauertes Gesims

In meinem Werkstattwochenbuch habe ich zu der nachfolgenden Zeichnung folgenden Text geschrieben:

Bei einem Neubau in Hannover Mittelfelde hatten wir ein Gesims zu mauern. Da es kein besonderes Profil erhalten sollte, wurden die vier Schichten des Gesims jeweils 3 cm ausgesetzt. Zuerst wurde an den Giebeln Schrot hochgemauert, ebenso in der Mitte der Flucht. Die Fluchtschnur musste äußerst stramm gespannt werden, damit das Gesims nicht durchhing. Es wurden nur Binder gemauert mit verlängertem Zementmörtel. Am folgenden Tag wurde längs des Gesims eine Betonschwelle gestampft (M1:8) und Löcher für die Anker der Fußpfette gelassen (siehe Zeichnung). Nachdem gerichtet war, konnten die Anker vergossen werden. Die Schwelle, sowie die Sparrenköpfe wurden mit Isolierpappe verkleidet. Auf der Innenseite wurden einige Schichten hochkant gemauert und der entstandene Zwischenraum mit groben Beton (M 1: 12) ausgefüllt. Auf der Außenseite wurden in Abständen von 50 cm Dübel für die Dachrinnen eingesetzt.

Die nachstehende Zeichnung wurde von meinem Lehrmeister und meinem Berufschullehrer abgezeichnet. Beim Landeswettbewerb der neuen Junggesellen habe ich mit meinem Kollegen Manfred Siano die Innung des Kreises Burgdorf vertreten. Wir mussten nicht nur ein kompliziertes Stück Mauer errichten, sondern auch einige fachliche Fragen beantworten. Außerdem mussten wir unsere Werkstattwochenbücher vorlegen. Einer der Prüfer hat auf der Zeichnung "falsch" geschrieben und mit dem Bleistift Korrekturen eingetragen. Dazu ist einmal folgendes zu sagen. Die Zeichnungen im Werkstattwochenbuch sind keine Architektenzeichnungen, nach welchen gebaut werden soll, sondern Aufnahmen der Ausführung auf der Baustelle. Der Prüfer hat das bei seiner

Bemerkung offensichtlich übersehen. Ich hätte als Architekt heute sicher eine andere Lösung für das Gesims vorgeschlagen, aber die Ausführung war damals so, wie ich es dargestellt habe. Bei der Betrachtung der Zeichnungen in meinem Werkstattwochenbuch sollte das berücksichtigt werde, wobei fachlich fragwürdige Ausführungen nicht immer ausgeschlossen werden können. Es muss auch berücksichtigt werden, dass bei der Bauausführung in den 50er Jahren die Frage der Wärmedämmung z.B. keinen hohen Stellenwert hatte, wenn sie überhaupt berücksichtigt wurde.

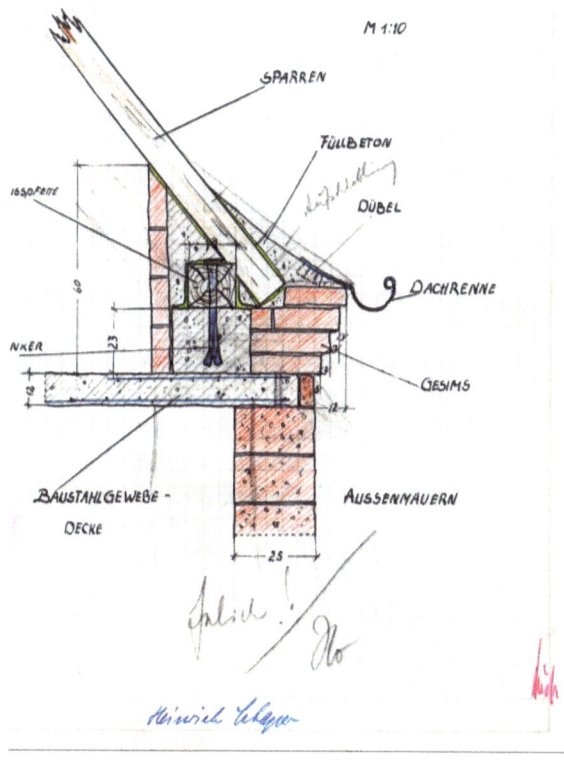

Zeichnung zu 10.9

53

10.10. Schweinestallpflasterung

Über diese etwas außergewöhnliche Arbeit schrieb ich in mein Werkstattwochenbuch:

Bei der Erneuerung der Schweineställe beim Bauern Klußmann in Lehrte hatten wir eine neue Fußbodenpflasterung zu verlegen. Die Ställe sollten zum besseren Abfluss der Jauche mit "Tschumasteinen" ausgelegt werden. Zuerst reinigten wir das Ziegelpflaster des Stalles, sowie den Abfluss gründlich mit Wasser. Anschließend musste ich eine Mischung plastischen Beton (1:4) herstellen, während der Geselle die Lehrlatten mit einem Gefälle von 8 cm auf einen Meter hinlegte. Bevor wir den Beton auf das Ziegelpflaster schütteten, wurde dieses noch einmal tüchtig angefeuchtet. Nachdem wir den Beton ausgebreitet und abgezogen hatten wurden die Lehren entfernt und auch die Stellen, wo die Latten gelegen hatten mit Beton ausgefüllt. Der Beton blieb jetzt zwei Stunden stehen, bevor ich ihn mit dem Handbrett ordentlich abreiben konnte.
Am nächsten Tag war der Beton bereits so hart, dass wir mit der Pflasterung beginnen konnten. Die Steine wurden in Richtung des Gefälles im Läuferverband trocken auf die Grundierung gelegt. Die Stoß- und Längsfugen wurden mit Kalkmörtel mit Zementzusatz angegeben. Wir hatten besonders darauf zu achten, dass kein Mörtel in den Hohlraum der Steine fiel, da sonst die Jauche nicht ungehindert abfließen konnte. Nach Beendigung der Pflasterarbeiten gossen wir einige Eimer Wasser über das Pflaster um, uns von einem tadellosen Abfluss der Flüssigkeit zu überzeugen.

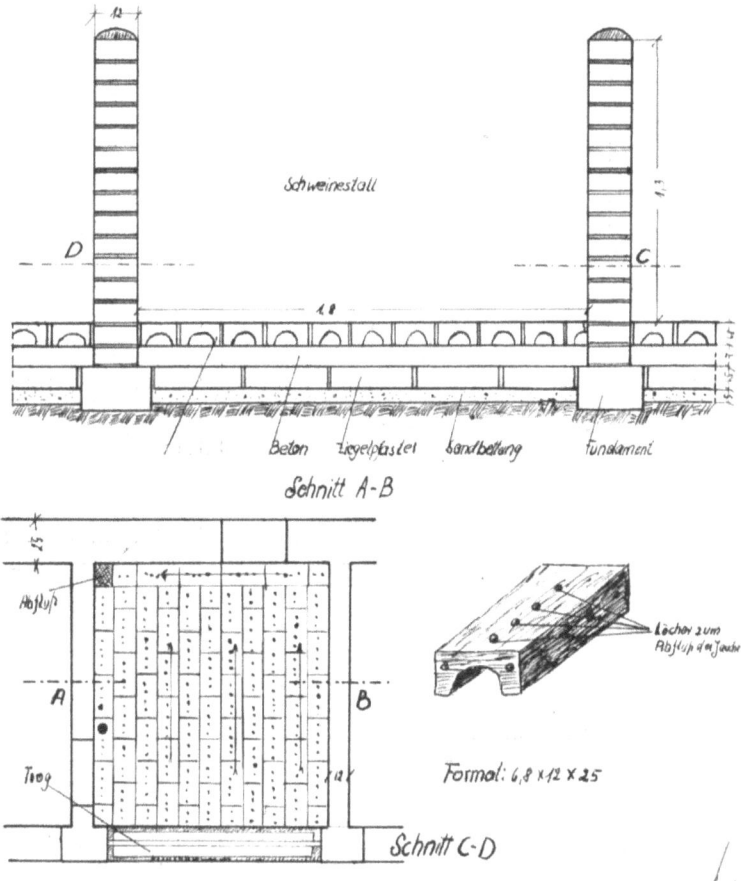

Schnitt A-B

Format: 6,8 x 12 x 25

Schnitt C-D

11. Berufsschule

Wir besuchten einmal in der Woche die Berufsschule in Burgdorf. Ich wurde in die Baufachklasse eingegliedert. In dieser
Klasse waren außer den Maurern auch die Zimmerleute zu-
sammengefasst, wobei offensichtlich eine gewisse Auslese
vorgenommen worden war, wahrscheinlich nach den Schul-

noten der Volksschule und den Tests im Rechnen und Schreiben zu Beginn der Berufsschulzeit.

Der Unterricht in der Berufsschule war sehr breit gefächert. Neben den rein fachlichen Bereichen wie Fachkunde, Fachrechnen und Fachzeichnen, wurde Gemeinschaftskunde, Geschäftsrechnen und Geschäftskunde/Schriftverkehr gelehrt. In jedem Lehrjahr haben wir auch eine mehrtägige Fahrt unternommen, verbunden mit der Besichtigung interessanter Baustellen, Gebäude und Werke.

Eine praktische Arbeit habe ich während der Berufsschulzeit auch ausführen müssen, dazu nachstehender Bericht aus dem Werkstattwochenbuch:

An einem Schultag musste ich auf dem Gelände der Berufs- und Handelsschule ein Gefach in einem Fachwerkbau im Zierverband ausmauern. Der Zierverband war von GOL Neuse auf einem Blatt Papier vorskizziert worden. Ich mauerte mit Steinen im Normalformat (Vormauerziegel) und einem Kalkmörtel mit Zementzusatz. Die Verbindung zwischen Bauerwerk und Fachwerk stellte ich durch Nägel her, die ich in die Ständer schlug. Da ich keine Schnur spannen konnte, musste ich aufpassen, dass die Steine genau lot- und waagerecht lagen und dass die Fugen gleichmäßig stark waren, da das Mauerwerk sonst einen unsauberen Eindruck macht. Ich ließ die Steine bündig mit dem Holz abschließen, um dem Regenwasser keinen Angriffspunkt zu geben. Zum Abschluss säuberte ich die Steine mit Papier und kratzte die Fugen mit der Fugenkelle aus.

Einige Jahre später habe ich den Tatort noch einmal besichtigt und ein Foto von dem kleinen Gebäude gemacht. Das von mir ausgemauerte Gefach habe ich mit einem kleinen Kreuz gekennzeichnet.

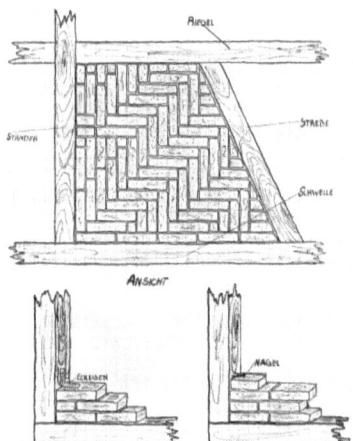

Mit der Berufsschule haben wir die Industriemesse in Hannover besucht und mit Erstaunen festgestellt, was es alles gab, aber auf unseren Baustellen nicht zu finden war. In meinem Bautagebuch habe ich nach dem Besuch der Messe folgendes eingetragen:

Die Vielfalt der Ausstellungsartikel erlaubte es nicht, alles zu besichtigen, darum mußten wir uns mit unserem engsten Aufgabengebiet beschäftigen. Für uns war das hauptsächlich das

Freigelände, auf welchem viele Baumaschinen und andere Geräte ausgestellt waren, aber auch verschiedene Baustoffe. Schon von Weitem grüßten uns riesige Bagger und Baukräne. Einzelne Stände zeigten eine Unzahl verschiedener Erfindungen, die dazu beitragen wirtschaftlich und rationell zu bauen. Wir sahen eine Putzmachine, die es ermöglichte bei großer Mörtelersparnis schneller zu putzen als es ein Putzer konnte. Eine Anzahl verschiedener Bagger, Schaber, Raupen, Transportbänder und Kräne veranschaulichte den hohen Stand der Technik. Großes Interesse erregten bei uns Bolzenschusswerkzeuge, Rüttler, verschiedene Mischer und neuartige Schalung für Betonbauten.

Dass uns modernes Schalungsmaterial auffiel, ist nicht verwunderlich, denn wir benutzten für die Schalung von Betonteilen ausschließlich raue Bretter zwischen 10 und 15cm Breite. Diese Bretter mussten dann nach dem Ausschalen mit einem "Hobel" von Betonresten gereinigt werden.

Während meiner Berufsschulzeit habe ich in der Volkshochschule (Arbeitsgemeinschaft Arbeit und Leben) noch zwei Kurse besucht. 1954 mit den Fächern Baukunde, Fachrechnen, Bauzeichnen und Betriebswirtschaft und 1955 einen Lehrgang *Vorbereitung auf die Bauschule.*

12. Baustelleneinrichtung

Ich wurde auf verschiedenen Baustellen eingesetzt, nicht immer war ich bei der Einrichtung der Baustelle von Anfang an dabei. Bei einem Wohnbauprojekt in Hannover, nahe dem Messegelände, konnte ich jedoch von Anfang an mitwirken. Diese Baustelle war eine Art Standard für ähnliche Bauvorhaben. Zuerst wurde eine Grube ausgehoben und darüber ein aus Brettern zusammengezimmertes Klohäuschen mit "Donnerbalken" errichtet. Dieses Häuschen wurde im Laufe der Tätigkeit auf der Baustelle gerne genutzt um eine kleine Pause einlegen zu können, denn der Polier überwachte mit Adleraugen sein Revier, damit keiner untätig herumstand. Die Innenwände des Häuschens wurden gerne mit Sprüchen verziert, wie zum Beispiel: *"Fünf Minuten scheißen wir, eine Stunde der Polier"* oder *"In diesem Hause wohnt ein Geist, der jeden der zu lange scheißt von hinten in die Eier beißt"*.

Auf dem Baufeld wurden noch weitere "Buden" aufgestellt. Die Buden bestanden aus Einzelrahmen aus Kanthölzern, die mit Brettern verkleidet waren. Zuerst wurde ein entsprechendes Planum geschaffen, auf welchem dann kleine Fundamente aus Ziegelsteinen verteilt wurden, die die Traghölzer der Bodenelemente aufnahmen. Für die Außenwände gab es Tafeln mit Fenster, die durch Schlagläden gesichert werden konnten und natürlich ein Türelement.

Die Mannschaftsbude hatte an den Wänden eine Bank, auf der man sich beim Umziehen setzen konnte, darunter wurde meist der Sack für das Geschirr gelagert. Um die Kleidung aufhängen zu können wurde ein Brett mit Nägeln benutzt, welches wieder an zwei senkrechten Brettern befestigt war. Ein kleiner gusseiserner Ofen mit einem Ofenrohr, dass durch die Außenwand ins Freie geführt wurde diente zur Beheizung. Vor den Frühstückspausen musste auf diesem kleinen Ofen der Kaffe für die Mannschaft aufgewärmt werden. Der Kaffee wurde meist in Feldflaschen der Wehrmacht oder sonstigen Blechbehältern von jedem mitgebracht. Es war im Winter oft gar nicht so leicht mit nassem Bauholz, welches wir mit dem Maurerhammer spalteten, den Ofen in Gang zu setzen und dafür zu sorgen, dass die Temperatur des Kaffees auch den Wünschen der einzelnen Kollegen entsprach. In der Mitte gab es einen Tisch aus rohen Brettern, von den Zimmerleuten der Firma selbst gebaut und auf jeder Seite des Tisches stand eine Holzbank. Zum Händewaschen vor den Mahlzeiten und nach Feierabend diente eine Blechtonne mit Wasser vor der Bude.

Eine weitere, kleinere Baracke war die "Polierbude". Sie diente dem Polier als Aufenthaltsraum, hatte aber zusätzlich einen großen Tisch, auf dem die Baupläne ausgelegt wurden. Ferner gehörten zur Ausstattung ein weiterer Tisch mit einigen Stühlen. Hier wurden die Besprechungen mit den am Bau Beteiligten abgehalten. Wir erkannten diese Personen an ihrer bürgerlichen Kleidung, ohne zu wissen welche Funktionen sie erfüllten. Bekannt waren uns eigentlich nur der "Alte", sein Sohn, der noch auf der Technischen Hochschule studierte und ab und zu auf der Baustelle auftauchte und der Bauführer, der für mehrere Baustellen zuständig war und unter anderem dafür zu sorgen hatte, dass die Baumaterialien pünktlich angeliefert wurden. In der Polierbude wurden auch einige teure Geräte, wie z.B. das Feldmess-Gerät aufbewahrt. Die Polierbude hatte für uns auch noch die besondere Funktion, nämlich die, der "Zahlstelle". Jeden Freitag kam der "Alte" persönlich und brachte in kleinen Tüten den Wochenlohn in bar. Auf einem schmalen Papierstreifen war vermerkt, wie der Lohn und die Abzüge sich zusammensetzten.
Eine dritte Baracke auf dem Baufeld war die "Zementbude", hier lagerte in 50 kg Säcken der Zement, der Kalk in 40 kg Säcken und die Säcke mit Baugips, der benötigt wurde, wenn wir Innenputzarbeiten auszuführen hatten. Ferner lagerten hier alle sonstigen Baugeräte, wie die Speiskübel. Diese waren aus Stahlblech und hatten oben einen Wulst zu Verstärkung der Kante, die durch die Bearbeitung mit dem Speisspaten zur Aufbereitung des Mörtels stark strapaziert wurde. Ferner lagerten hier auch die Eimer, Schaufeln, Hacken, Sägen, Vorschlaghämmer usw., die Eigentum der Firma waren. Wir stellten aber auch nach Feierabend das persönliche Geschirr hier ab.

13. Die Männer vom Bau

Ich möchte einmal versuchen etwas über die Personen zu schreiben, mit denen ich es während meiner Lehrzeit zu tun hatte. Da war zuerst einmal mein Lehrmeister, Heinrich Schaper, ein älterer Herr, stets freundlich, ich würde sagen ein eher väterlicher Typ. Er besuchte in unregelmäßigen Abständen die Baustelle, verschwand dann meist mit dem Polier in der Polierbude und traf sich auch dort mit fremden Personen, von denen wir nicht wussten, wer sie waren, die uns aber auch nicht interessierten. Ging er mal über die Baustelle, grüßte er uns zu jeder Zeit mit "Mahlzeit" und wenn er sah, dass unter unserem Arbeitsgerüst "Viertelsteine" lagen, beförderte er sie auf das Gerüst, damit sie in der Läuferschicht mit verarbeitet wurden, er war eben ein sehr sparsamer Mensch. Mit der Ausbildung der Lehrlinge hatte er nichts zu tun, das lag in erster Linie in den Händen der Poliere oder Altgesellen.

Hin und wieder tauchte sein Sohn auf der Baustelle auf, es wurde gesagt, er studiere noch auf der Technischen Hochschule in Hannover. Schaper Junior war der Erfinder der "Heschaeisen", über die ich noch berichten werde. Es wurde gemunkelt, dass er damit über einen Großhändler sehr viel Geld verdiene. Mir ist er noch in guter Erinnerung, als er sich in der Frühstückspause in der Mannschaftsbude zu uns setzte und uns Stiften an einem Streichholz erklärte, wie bei der Biegung eines Stabes unten eine Zugzone entstand, weil diese Seite sich verlängerte und im Gegensatz dazu oben eine Verkürzung eintrat mit entsprechendem Druck. Zu übertragen war das auf Betonbauteile, bei denen der Beton den Druck, die Eisen aber den Zug aufzunehmen hatten. Daraus resultierte, dass die Zugeisen unten in den Betonteilen liegen mussten. Ich fand seine Demonstration sehr eindrucksvoll und habe mir dann so meine Gedanken gemacht, wie wohl der Verlauf der Zug- und Druckzonen bei Decken sei, die über mehrere Felder liefen. Ansonsten hatte ich den Eindruck, dass solche theoretischen Dinge den meisten Maurern egal waren, nach dem Motto: "Der Polier wird mir schon sagen, wie ich die Eisen zu verlegen habe", zumal dieser die Verlegepläne verwaltete.

Der wichtigste Mann auf der Baustelle war der Polier, ich habe noch bis heute größte Hochachtung für diese Männer. Sie verfügten über ein großes Fachwissen und unglaubliche praktische Erfahrungen. Der Polier musste die Pläne in reale Bauteile umsetzen. Er bestimmte, wie die Arbeitsabläufe waren, wer wo zu arbeiten hatte und musste dabei das Können und die Empfindlichkeiten seiner Leute einschätzen. Er hatte die Bestellungen des benötigten Materials vorzunehmen, die Einhaltung der Unfallverhütungsvorschriften zu überwachen und für die fachgerechte Ausführung der Arbeiten zu sorgen. Poliere waren anerkannte Persönlichkeiten und Respektspersonen, die auch dafür sorgten, dass es zu keinen Streitigkeiten auf der Baustelle kam. Im Verhältnis zu heute waren viel mehr Personen auf einer Baustelle beschäftigt, denn viele arbeitszeitsparende Verfahren waren noch nicht entwickelt und der Maschineneinsatz noch bescheiden. Für uns Lehrlinge war der Polier der Mann, der uns auszubilden hatte, der uns erklärte, wie die Handgriffe auszuführen waren und uns auch theoretische Hintergründe der Ausführung erläuterte. Ich war ganz stolz darauf, wenn ich mit dem Polier, die Bauzeichnung in der Hand, das Mauerwerk anlegen durfte, dass dann von den Gesellen und Lehrlingen hochgezogen wurde. Bei kleineren Baustellen und "Flickarbeiten" übernahm ein Altgeselle die Funktion des Poliers. Im Gegensatz zu den Arbeitern, also Maurer und Handlanger, die nach Stunden bezahlt wurden, war der Polier Angestellter und bezog ein Monatsgehalt.

Wenn es im Winter zu kalt war um zu mauern, wurden die Maurer "stempeln" geschickt oder sie wurden dann häufig zu

Arbeiten abgeordne, die auch bei Frost ausgeführt werden konnten, wie z.b. Gräben für Kanäle ausheben. Wir Lehrlinge mussten auf der Baustelle erscheinen, wobei dann Arbeiten erledigt wurden, für die im normalem Betrieb wenig Zeit war. Neben Aufräumarbeiten mussten wir die Schalbretter mit einem "Zementhobel" von Betonresten reinigen oder Eisen biegen. Meist war der Polier so gnädig uns nur stundenweise in der Kälte zu beschäftigen, und uns einen ausgedehnten Aufenthalt in der geheizten Bude zu gestatten, wobei dann noch eine fachliche Unterrichtstunde eingeschoben wurde.

In der Hierarchie folgten dann die Mauergesellen, wobei die Länge der Dienstzeit von Bedeutung war. Nach der Lehrzeit, wurde man in den Kreis der "Junggesellen" aufgenommen. Man durfte jetzt rauchen und musste die Kollegen nicht mehr mit "Sie" anreden. Nach mehrjähriger Tätigkeit wuchs man so langsam in den Kreis der "Altgesellen" mit entsprechendem Ansehen. Es fällt mir schwer zu sagen, wann ich mit meinen 17 Jahren, als ich die Lehre begann einen Mann als "Altgesellen" betrachtet habe, alle über 30 waren für mich alt und mit 45 wahrscheinlich schon uralt.
Es gab einige Gesellen, die noch eine zweite Ausbildung als Schlachter (Metzger) hatten und in den Wintermonaten als Hausschlachter arbeiteten. Das Halten von Schweinen war in unserer Gegend in vielen Familien noch weit verbreitet. Wer ein kleines Siedlungshaus besaß, hatte einen entsprechenden Gemüsegarten, einen Stall und zog Kaninchen, Hühner und ein Schwein auf. Interessant waren für mich im Frühjahr dann die Gespräche der Hausschlachter über ihre Erlebnisse beim Schlachten und der Erfahrungsaustausch über das Würzen der Würste.

Neben den Maurern gab es auf unseren Baustellen noch einige Zimmerleute. Diese angesehene Zunft stand im hohen Ansehen, denn damals wurden noch komplizierte Dachstühle

63

mit traditionellen Holzverbindungen hergestellt. Die Zimmer-leute fühlten sich auch ein wenig als die Elite der Bauhand-werker. Ich hatte von deren Kunst eine hohe Meinung und bewunderte sie wegen ihrer Arbeit, denn sie kamen immer in traditioneller Kluft auf die Baustelle und hatten nicht, wie wir Maurer, im nassen Dreck zu arbeiten. Dafür fehlte so man-chem Zimmermann auch schon einmal ein Finger, Opfer einer Unachtsamkeit an der Kreissäge.

Die bei uns beschäftigten Zimmerleute hatten mit den vorher beschriebenen Kollegen zwar eine gemeinsame Ausbildung erhalten, waren dann aber in eine ganz andere Richtung ab-gedriftet. Bei dem immer weiteren Vordringen von Betonteil-en im Hochbau wurden Fachleute gebraucht, die die Scha-lung für die Betonteile herstellten. Als Lehrlinge mussten wir häufig den Zimmerleuten bei den Schalarbeiten zur Hand gehen und haben dabei sehr viel gelernt, dass wir auch für kleinere Betonarbeiten die Schalung selbständig herstellen konnten.

Dann hatten wir noch den Maschinisten, Adolf mit Vornamen, er war für alle Technik zuständig, also die Bedienung und Wartung der Betonmischer und der Bauaufzüge, die bei Ge-bäuden ab dem dritten Geschoss aufgestellt wurden. Weiter kümmerte er sich um alles was mit Elektrik zu tun hatte.

Adolf war Gewerkschaftler. Wir hatten das Problem, dass unsere Firma in Lehrte ansässig war, wir aber zu den Baustel-len nach Hannover und Umgebung auf eigene Kosten fahren mussten. Angeblich hatte der "Alte" es abgelehnt das Fahr-geld zu ersetzen. Über die rechtliche Situation wusste keiner so recht Bescheid. Adolf wurde aufgefordert, sich in dieser Angelegenheit mit seiner Gewerkschaft in Verbindung zu setzen. Eines Tages tauchte in der Mittagspause ein Gewerk-schaftler in der Bude auf und versprach, sich darum zu küm-mern, nur müssten alle zuerst einmal in die Gewerkschaft eintreten. Ein Stundenlohn in der Woche sollte der Beitrag kosten. Etliche Kollegen sind dann eingetreten und es wurde unser alter Gewerkschaftler Adolf zum Sprecher gewählt. Nun gab es ein Problem. Adolf traute sich nicht mit dem Chef zu sprechen, versprach aber einen Gewerkschaftsekretär zu bitten, diese Aufgabe zu übernehmen. Ich habe danach nie wieder etwas von der Aktion gehört, obwohl ich noch einein- halb Jahre in der Firma war. Fahrgeld bekamen wir nicht, aber einige Kollegen sind dann wieder aus der Gewerkschaft aus- getreten.

Die Fahrten von der Wohnung zur Baustelle mussten wir sel- ber organisieren. In den Sommermonaten bin ich mit dem Fahrrad gefahren, ein "Rixe" Rad, natürlich ohne Gangschal- tung. Die am weitesten entfernte Baustelle in Hannover am Messegelände war ca. 28 km entfernt. Ich benutzte Feld- und Waldwege um ans Ziel zu kommen. Im ersten Jahr war es sogar möglich die Autobahn Hannover-Berlin zu überqueren. Zu meinem Ärger wurden aber Leitplanken zwischen den Fahrbahnen eingerichtet und mein Feldweg mit einem Zaun abgesperrt. So musste ich einen Umweg fahren.

Bei einer Baustelle hatte ich das Glück, dass ein Geselle mich mit seiner "Horex" mitnehmen konnte, natürlich ohne Helm und Motorradkleidung. Im Herbst und Winter fuhr ich mit dem Zug bis Hannover und von dort mit der Straßenbahn zur Baustelle. Wir haben dann die Arbeitszeit auf die Fahrpläne abgestimmt.

Ein besonderes Völkchen waren unsere "Handlanger", also die Ungelernten, die dafür zu sorgen hatten, dass die Maurer immer genug Steine zum Vermauern und Speis im Kübel hat- ten. Sie wurden aber auch für andere Arbeiten auf der Bau- stelle eingesetzt, wo keine fachliche Vorbildung notwendig war, dafür aber mehr Muskelkraft. Ich habe darüber schon bei meinen ersten Erfahrungen auf der Baustelle berichtet. Hier noch eine kleine Ergänzung. Es gab nur einen kleinen Stamm von Handlangern, die schon längere Zeit bei der Firma waren und von Baustelle zu Baustelle mitzogen. Zu dieser

Gruppe gehörte auch ein kleiner, drahtiger und sehr zäher Mann, der einen starken ostpreußischen Akzent hatte und mir noch gut in Erinnerung geblieben ist, weil er Steine tragen konnte, wie ein Riese und dass er ein "Achtel Oberhemd" trug, wenn er sich nach Feierabend in seine Kleidung für den Heimweg warf. Das "Achtel Oberhemd" war eine Sparlösung, es bestand aus einem Hemdkragen und ein Brustteil mit Knöpfen und wurde an der Taille mit einem Band zusammengebunden, denn einen Rücken und Ärmel gab es nicht. Unter einer Jacke sah es aus wie ein richtiges Oberhemd.

Eine zweite Gruppe von Handlangern wurde vor Ort engagiert, meist kräftige Burschen, die auch so manche Flasche Bier vertragen konnten und dann auf einmal verschwanden, nachdem sie ihre Löhnung erhalten hatten.

Es gab aber auch einige Typen, die so gar nicht in das Milieu der Baustelle passten, eher Einzelgänger, das waren ehemalige Soldaten oder auch politisch Belastete, die auf dem Bau ihren Lebensunterhalt verdienten, bis sie wieder beruflich Fuß fassen konnten.

In diesem Zusammenhang wurde damals folgender Witz erzählt. "Auf einer Baustelle musste ein LKW mit Ziegelsteinen entladen werden, dieses geschah natürlich in Handarbeit. Die Arbeiter standen in einer Reihe und reichten die Ziegel von Mann zu Mann weiter, bis sie schließlich, nach einem bestimmten System, in Türmen von ca. 200 Stück aufgestapelt wurden. Die begleitenden Worte hörten sich wie folgt an: "Bitte, Herr Professor, danke, Herr Doktor, bitte Herr Direktor, danke Herr Doktor usw. ...."

Am unteren Ende der Hierarchie standen wir Lehrlinge, wobei hier nach den Lehrjahren unterschieden wurde. Im ersten Lehrjahr waren wir u.a. dafür zuständig für die Frühstücks- und Mittagspause Einkäufe für die Mannschaft zu erledigen, also Brötchen, Wurst, Kaffee-Stückchen, Bier, Milch, Limo usw. Weiterhin musste in der kalten Zeit in der Bude der Ofen angeheizt werden. Diese Tätigkeiten konnten bei den "Jungen" auch bis ins dritte Lehrjahr reichen, wenn auf der Baustelle kein jüngerer Lehrling beschäftigt war. Einmal in der Woche hatten wir Berufsschule, die war in Burgdorf. Da der Unterricht nur am Vormittag stattfand, hätten wir eigentlich am Nachmittag noch ein paar Stunden arbeiten können. Ich hatte das Glück, davon befreit zu sein, da die Fahrt zu den Baustellen, die meist in Hannover und Umgebung waren, zu viel Zeit in Anspruch nahm. Ich konnte so schon einmal mit meinen Schularbeiten anfangen.

Ich hatte während der ganzen Lehrzeit nie das Gefühl, dass wir von den Gesellen oder auch von den Handlangern herablassend oder böswillig behandelt worden sind. Am Anfang zeigten alle viel Geduld und Verständnis für uns Anfänger. Daraus folgte später ein kollegiales Verhältnis. Es konnte im ersten Lehrjahr passieren, dass ein Geselle dem neuen Stift den Auftrag gab, doch die *Bogenschnur* oder die *Gewichte für die Wasserwaage* aus der Bude zu holen, aber das waren harmlose Scherze. Aber mit wachsendem Selbstvertrauen haben wir Stifte dann auch schon mal versucht einen Gesellen, vorsichtshalber nur Junggesellen, einen Streich zu spielen. Da gab es den "Bierflaschen-Trick", der lief so: In einer Bierflasche, mit dem damals üblichen Knebelverschluss, wurde mit einem dicken Nagel in den Boden vorsichtig ein Loch geschlagen, dann die Flasche mit Wasser gefüllt, wobei das Loch im Boden mit dem Daumen abgedeckt wurde, bis die volle Flasche schließlich mit dem Knebelverschluss geschlossen wurde. Diese Flasche wurde dann einem Gesellen in die Hand gedrückt und gesagt, er solle sie in die rechte Hosentasche stecken. Es wurde dann behauptet, er könne nicht den Flaschenverschluss mit der linken Hand über den Rücken öffnen. Natürlich konnte er das, und nach kurzer Zeit machte sich das Wasser in seiner Hosentasche und an den Beinen bemerkbar. Die Schadenfreude aller Umstehenden war groß und schützte uns Schlingel vor tätlichen Angriffen.

In der damaligen Zeit gab es auf dem Bau nur männliche Handwerker und so war es eine Sensation als bekannt wurde, eine Dachdeckerfirma, die an einem der von uns gerade fertiggestellten Wohnblöcke arbeitete, würde ein Mädchen als Lehrling haben, die Tochter des Chefs. Mädchen trugen zu dieser Zeit natürlich nur Röcke und so wurde von uns erwartet, dass dieses Mädchen möglichst oft vor uns eine Leiter hinaufsteigen würde, damit man einen Blick unter den Rock erhaschen konnte. Unsere Enttäuschung war groß, dieser weibliche Lehrling trug lange Hosen, wie alle auf dem Bau.

14. Zement

Ich möchte an dieser Stelle auf das nächste Bindemittel eingehen, dass auf dem Bau benötigt wurde, dem Zement. Östlich von Hannover, in Misburg gab es drei Zementfabriken. Unsere Firma war vor allem der "Germania" verbunden. Wir hatten ständig im Werk kleinere Arbeiten auszuführen und in gewissen Abständen mussten auch die Drehöfen mit Schamottesteinen neu ausgemauert werden, eine Arbeit, die gerne übernommen wurde, denn obwohl es wegen der hohen Temperaturen eine schweißtreibende Arbeit war, gab es erhebliche Zuschläge und damit ein gutes zusätzliches Geld. Natürlich bezogen wir auch von der "Germania" unseren Zement.

Im Winter 1954 kam unser Chef auf die Idee der Firma "Germania" ein Modell des Zementwerks zu schenken. Unter Anleitung eines Technikers aus dem Büro, *Onkel Jochen*, haben mein Mitstift Manfred und ich aus Pappe ein schönes Modell hergestellt und die kalten Wintertage im warmen Büro verbringen dürfen. Auch haben wir bei den Ortsterminen, bei welchem wir Fotos von den Anlagen machten, das ganze Werk kennengelernt.

In Misburg wurde Portlandzement hergestellt, wobei als Grundstoff der Mergel zur Verfügung stand, der aus riesigen Gruben gefördert wurde.
Der Mergel besteht zu 18 - 24 % aus Kieselsäure, 7 - 15 % aus Tonerde und 58-77 % aus Kalk. Nach der Aufbereitung (Zerkleinerung des Gesteins aus dem Bruch, Mischung und Ziegelformung für den Brand), geschieht das Brennen zu Klinkern bei Temperaturen von 1400°C bis zur Sinterung, das geschieht in Drehöfen mit einer Länge bis zu 100 m. Nach dem Abkühlen werden die Klinker in Kugelmühlen zu Zement gemahlen. Die Hochwertigkeit des Zements wird ausschließlich durch feineres Mahlen, sorgfältige Aufbereitung des Rohstoffs und scharf überwachtem Brand erreicht. Beim Portlandzement Z 225 wird dieser nach 28 Tagen eine Normendruckfestigkeit von 225 kg/ cm² erreichen. Hochwertigere Zemente wie Z 325 oder auch Eisenportlandzemet wurden bei uns nicht verarbeitet. Die Anlieferung erfolgte in Papiersäcken je 50 kg, die oftmals noch warm bis heiß waren, wenn sie angeliefert und per Hand abgeladen wurden (ich hatte den Eindruck immer kurz vor Feierabend), dann wurde nämlich die Zeit knapp um noch die Straßenbahn mit Anschluss an den Zug zu erreichen. Erst zum Ende meiner Lehrzeit wurde einmal, in Vorbereitung einer größeren Deckenbetonierung, ein Zementsilo aufgestellt.

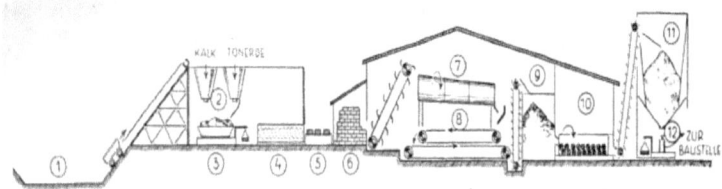

Abb. 132. Zementfabrikation in schematischer Darstellung:

1. Steinbruch

2. Aufbereitung von Kalkstein und Tonerdegestein

3. Mischung nach Gewicht

4. Mischung der Rohmasse

5. Herstellung von Formlingen

6. Trocknung der Formlinge

7. Brand der Formlinge im Drehrohrofen bis zur Sinterung

8. Abkühlung des Sintergutes (Klinkerung)

9. Lagerung der Klinker

10. Mahlung der Klinker zu Zement

11. Zementlagerung in Silos

12. Absackung und Versand zur Baustelle.

Foto von unserem Modell der Zementfabrik Germania. Darstellung der Zementfabrikation (Graphik aus dem "Maurerbuch")

70

15. Betonbau

15.1. Türstürze herstellen

Der Beruf des Maurers war recht vielseitig, es ging nicht nur um die Herstellung von Mauerwerk in verschiedenen Ausführungen und Verbänden. Ein großer Teil der Ausbildung erfolgte im Betonbau mit den drei Elementen: Schalung, Bewehrung und Beton. Ein einfaches Beispiel für die Herstellung von "Fertigteilen" aus Beton zeigt nachstehender Bericht aus dem Werkstattwochenbuch:

Ich bekam den Auftrag eine Anzahl von Türstürzen für 98er Türöffnungen zu stampfen. Die Stürze mussten also 98 + 2x 15 cm gleich 1,28 m lang sein, da sie auf jeder Seite 15 cm Auflager haben sollten. Zuerst legte ich einige Gerüstbohlen nebeneinander auf die Erde um eine ebene "Stampffläche" zu erhalten. Zum Einschalen benutzte ich Gerüstbretter, auf welchen ich im Abstand von 1,33 m Leisten als Knaggen nagelte. Nachdem ich die Bretter aufgestellt hatte, wurden 12 cm breite und 2,5 cm starke Brettstückchen zwischen die Schalung geschoben, so dass jetzt eine Sturzlänge von 1,28 m entstand. Damit die Schalung nicht seitlich weggedrückt werden konnte, schlug ich Pfähle in die Erde und zog mit Hilfe von Keilen das Ganze zusammen. Jetzt konnte ich eine erdfeuchte Betonmischung 1:3 herstellen und eine erste Lage einstampfen. Dann legte ich die vorbereiteten Eisen mit den Haken nach oben (2 Stück je Sturz) ein. Jetzt konnte ich die Stürze vollfüllen und kräftig feststampfen. Die Oberseite der Stürze markierte ich durch ein Kreuz. Nach drei Tagen waren die Stürze schon so fest, dass sie ausgeschalt und verlegt werden konnten. Auf jeder Seite wurden sie auf eine Mörtelschicht gelegt und zwar so, dass die Eisen unten in der Zugzone lagen. An der Unterseite der Stürze wurde die Wasserwaage angehalten, da sie genau waagerecht liegen mussten um eine winkelige Tür zu ergeben.

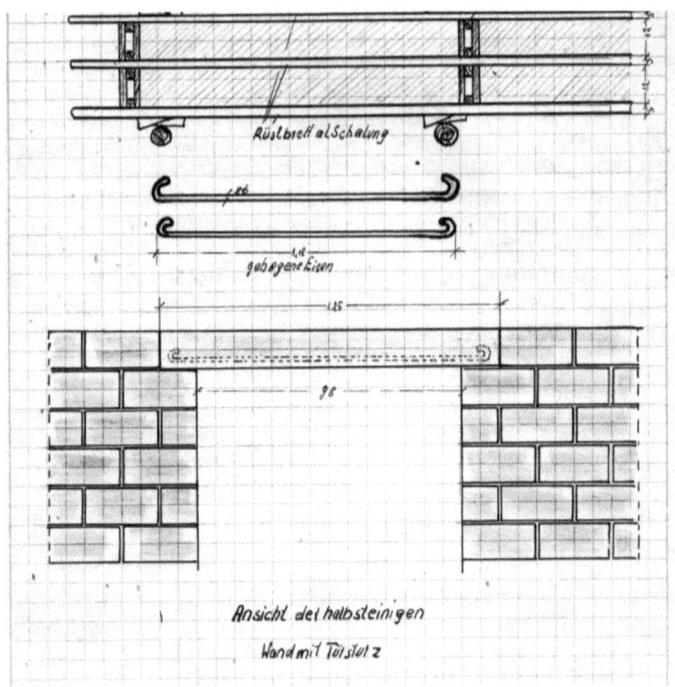

Rüstbrett alsSchalung

gebogene Eisen

Ansicht der halbsteinigen
Wand mit Türsturz

Zeichnung zu 15.1

15.2. Eisenbiegen

Die beim Betonieren verwendeten "Eisen", so der gebräuchli-
che Ausdruck für den Baustahl, wurden auf der Baustelle gebogen. Da damals meistens Baustahl I mit glatter Oberfläche
verwendet wurde, musste an den Enden ein halbkreisförmi-
ger Haken gebogen werden.
Auszug aus dem Werkstattwochenbuch:
*Ich bekam vom Polier den Auftrag, einige "Eisen" für einen
Fenstersturz zu biegen. Das Fenster war 1,5 m breit. Da der*

Sturz auf jeder Seite 25 cm Auflager hatte, musste ich mit einer Breite von 2,00 m rechnen. Die Form der Eisen ist aus der Zeichnung ersichtlich. ich zeichnete mir die Eisen auf ein Brettstüc,k um die einzelnen Maße zu ermitteln. Ich ermittelte so eine Länge von 2,00 m für die umgebogenen Eisen von 2,00m Länge. Von einer langen Stange schnitt ich mit dem Eisenschneider vier Stangen ab. An der Biegebank bog ich erst die Haken an den beiden Seiten auf. Beim Biegen half mir noch ein Lehrling, da man bei der Handbiegeanlage einen zweiten Mann benötigt, der biegt, während der andere das Eisen einlegt und den Maßen entsprechend festhält. Um die Eisen gleichmäßig zu biegen, zeichneten wir auf der Biegebank einen Strich, bis an der Stelle, an der die Eisen gebogen werden mussten. Es ist wichtig, dass alle Eisen gleich gebogen sind, da sie sonst nicht die erforderlichen Maße besitzen.

Wie wir in der Berufsschule erfahren haben, gab es Baustahl in verschiedener Qualität. Der übliche Rundstahl wurde als Stahl I mit einer Streckgrenze von mind. 2.200 kg/cm², eingebaut. Weiter gab es Stahl II und Stahl III mit 3.400 bzw. 5.000 kg/cm² Streckgrenze. Verwendet wurde auch Thorstahl, ein Rundstahl, auf dem spiralförmig eine dünne Rippe lag und Nockenstahl mit aufgewalzten doppelten Nocken.

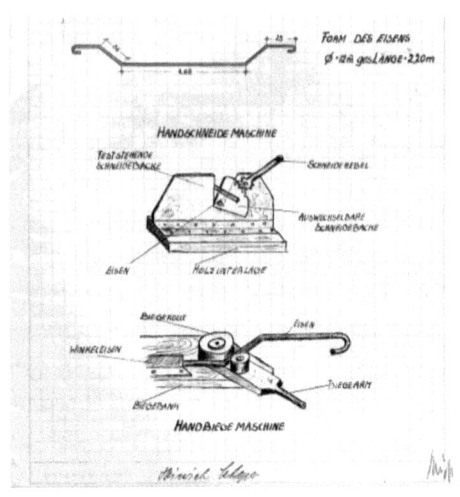

Zeichnung zu 15.2

15.3. Fenstersturz betonieren (Auszug aus dem Werkstatt-wochenbuch)

Ich musste mit einem Gesellen zusammen die Fensterstürze für einen Neubau in Hannover herstellen. Die Schalung war von den Zimmerleuten bereits fertiggestellt. Zuerst wurden die Holzteile mit "Relax" Schalungsöl gestrichen. Die Außenseite der Stürze wurden mit 6 cm Thermexplatten verkleidet (Kalkzementmörtel). Die Innenseiten wurden mit 1,5 cm starken Leichtbauplatten ausgeschlagen, die Platten dienen als Putzträger. Nachdem wir den Bewehrungskorb eingesetzt hatten (18 cm Auflager), konnten wir die Platten feströdeln, damit sie nicht vom Beton auseinander gedrückt werden können. Nach diesen Vorarbeiten wurde der Beton eingeschaufelt (M 1:4). Nach der ersten dünnen Lage wurde der Korb etwas angehoben, damit die Eisen gut im Beton eingebettet lagen. Der restliche Beton wurde unter, Stochern und Klopfen gegen die Schalung, eingeschaufelt. Nachdem der Sturz gefüllt war, wurde er oben glatt abgezogen.

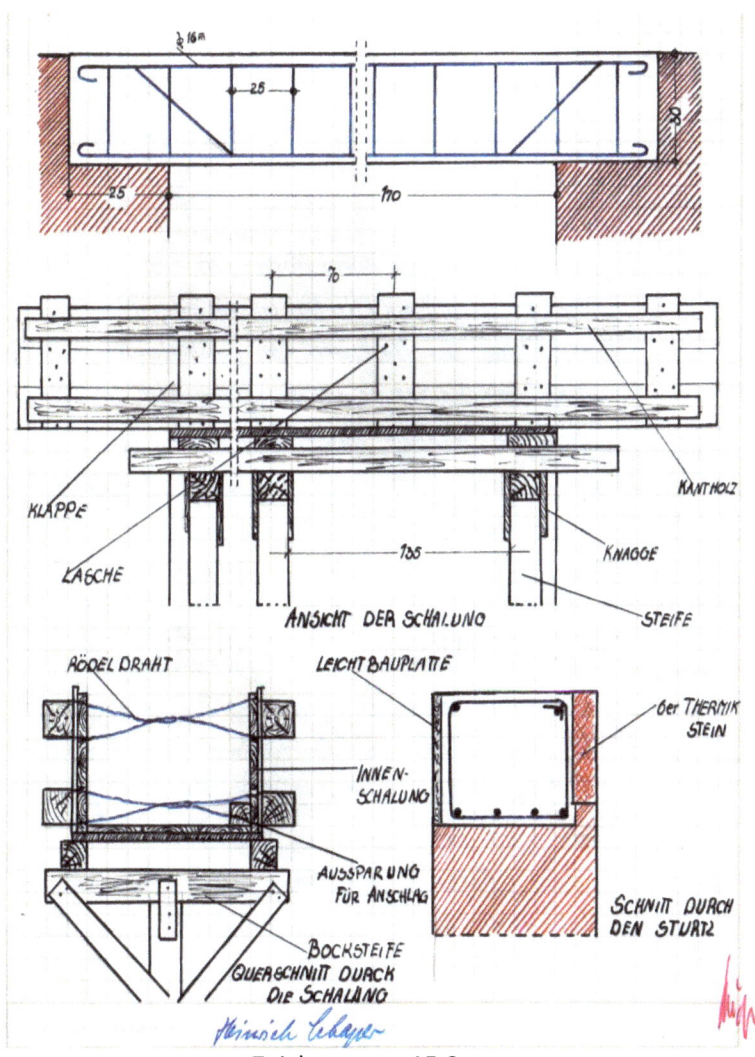

ANSICHT DER SCHALUNG

KLAPPE
LASCHE
KANTHOLZ
KNAGGE
STEIFE

RÖDEL DRAHT
LEICHT BAUPLATTE
6er THERMIK STEIN
INNEN- SCHALUNG
AUSSPARUNG FÜR ANSCHLAG
BOCKSTEIFE
QUERSCHNITT DURCH DIE SCHALUNG
SCHNITT DURCH DEN STURZ

Zeichnung zu 15.3

75

15.4. Rähm auf einer halbsteinigen Mauer

Eine ähnliche Aufgabe wie vor beschrieben hatte ich auf einer anderen Baustelle mit auszuführen. Es ging um die Herstellung eines halbsteinigen Betonrähms. Im Werkstattwochenbuch machte ich dazu folgenden Eintrag:

Das Rähm hatte auf den 25er Hauptwänden 12 cm Auflager. Von den Zimmerleuten wurden zwei Klappen gezimmert, die die Länge der halbsteinigen Wand hatten. Bevor die Klappen aufgestellt wurden, legten wir den Bewehrungskorb auf die Mauer (Bewehrung siehe Zeichnung). Die Klappen wurden oben und unten festgerödelt, damit sie vom Beton nicht auseinander gedrückt werden konnten. Nachdem wir diese Arbeiten erledigt hatten, musste ich eine Mischung Gussbeton 1:5 herstellen. Ein Geselle goss die Mischung in den Korb, wobei er gegen die Schalung klopfte, damit sich der Beton richtig einrüttelte und keine Hohlräume entstanden. Die Oberseite des Rähms wurde einfach mit einer Latte abgezogen. Die Höhe des Rähms betrug drei Doppelschichten. Am nächsten Tag konnte ich das Rähm wieder ausschalen und einen Schlitz für die Lichtleitung in den noch nicht allzu festen Beton stemmen, da wir versäumt hatten beim Einschalen eine Dreiecksleiste von innen an die Schalung zunageln.

In dem Bericht wird kurz erwähnt, dass ich für das Rähm Beton hergestellt habe, dieses geschah natürlich durch eine Handmischung. Eine Schaufel Zement und fünf Schaufeln Kies, da für solch kleine Mengen die Mischmaschine nicht in Betrieb gesetzt wurde. Einen kleinen Mörtelmischer, wie er heute auf jeder Baustelle zu finden ist, hatten wir nicht.

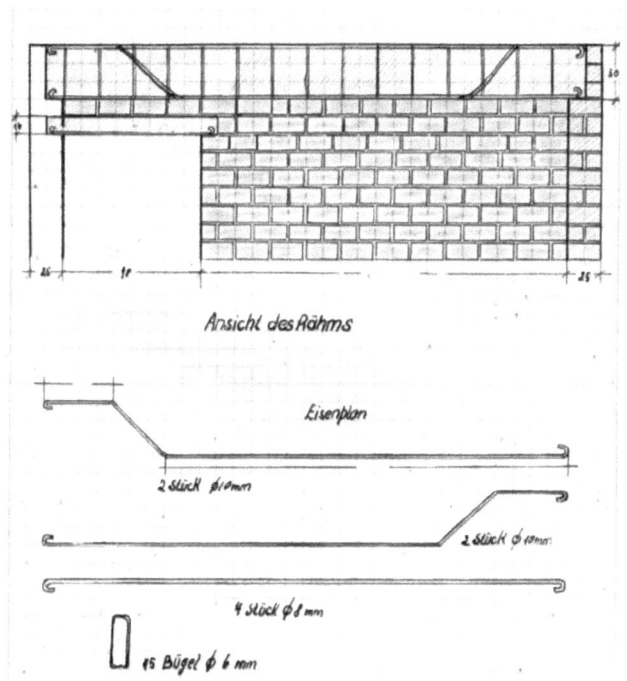

Zeichnung zu 15.4

15.5. Betonmischmaschine

Der große Mischer musste vor jedem Einsatz sorgfältig vorbereitet und danach wieder ordentlich gereinigt werden. Daher
wurde er nur für größere Betonmengen eingesetzt. Herr über
den Mischer war der "Maschinist", der das Gerät bediente.
Unter seinen kritischen Augen durfte ich den Mischer für
einen Großeinsatz vorbereiten:

*Da wir am nächsten Tag eine Decke schütten wollten, muss-
ten wir die Mischmaschine, die "Japaner" und den Aufzug
überprüfen und abschmieren. Ich musste den Mischer in Ord-
nung bringen. Wir haben einen 200 Liter "Vögele" Schnellmi-*

scher mit Elektroantrieb. Zum Abschmieren benutzte ich rotes Stauferfett, welches in einer abgedeckten Dose aufbewahrt wurde. Ich überprüfte sämtlich Buchsen, ob sie noch genug Fett enthielten und schraubte sie etwas an, damit die Schmiermasse in die Lager gedrückt wurde. Nachdem sämtliche Schmierstellen überprüft waren, nahm ich Kettenfett, ein dickflüssiges, zähes, helles Öl, das auf die Zahnkränze verteilt wird. Es haftet fest an den Zähnen und Ketten und sorgt für einen ruhigen und flüssigen Lauf. Für Zahnräder ist die Verwendung von Stauferfett unpraktisch, da dieses beim Ineinandergreifen der Zähne herausgepresst wird und die Zahnräder dann trockenlaufen. Zum Abschluss ließ ich den Mischer laufen, um sämtliche Funktionen zu überprüfen (Seilaufzug, das Kippen, Wasserbehälter usw.).Nachdem ich das Anschlusskabel wieder aufgerollt hatte, schloss ich das Motorenhäuschen ab und die Maschine war für den kommenden Tag gerüstet.

Betonmischer

15.6 Deckenschalung mit *Hescha-Eisen*

Bei der Deckenschalung musste parallel zu den Wänden ein Kantholz verlegt werden, auf welchem die Schalbretter gelegt wurden. Natürlich wurden diese Kanthölzer von hölzernen Stützen getragen. Unser Juniorchef hatte eine Idee, wie dieses Verfahren zu vereinfachen war, er erfand die "Heschaeisen" und ließ sie sich patentieren. Ein Wochenbericht beschreibt das Einschalen einer Decke unter Verwendung der "Heschaeisen" Dazu folgender Bericht:

Bei einem Neubau in Misburg sollte eine Decke eingeschalt werden. Hierzu benutzten wir Heschaschalung, da man damit Zeit und Kanthölzer zum Einschalen spart. Zuerst stellten wir in der Mitte eines Raumes einen Unterzug auf, der von zwei Steifen, je am Ende eine, getragen wurde. Der Unterzug lag vorerst einmal ca. 10 cm tiefer als die Auflagermauern. Dann wurden die Heschaeisen aufgelegt, und zwar mit dem eisernen Kopfende auf die Mauer und mit dem stumpfen Ende auf dem Unterzug (Siehe Zeichnung). Mit Hilfe von Keile wurde der Unterzug jetzt auf die richtige Höhe getrieben.
Jetzt konnten die Schalbretter verlegt werden und der Unterzug genügend abgesteift werden. Die Bretter wurden quer zu den Heschaeisen gelegt und das äußere Brett jeweils festgeheftet, damit die Schalung sich nicht verschieben kann. Um das Ausschalen zu erleichtern, wurde auf die Eisen stets etwas Kalkmörtel getan, damit der Beton später nicht die Eisen ummantelt und festhält. Diese Schalung spart viel Zeit, da man in der Regel statt drei nur einen Unterzug aufzustellen braucht. Dass die Decke um Schalungsstärke höher liegen wird ist nicht von Bedeutung und wird anderweitig ausgeglichen.

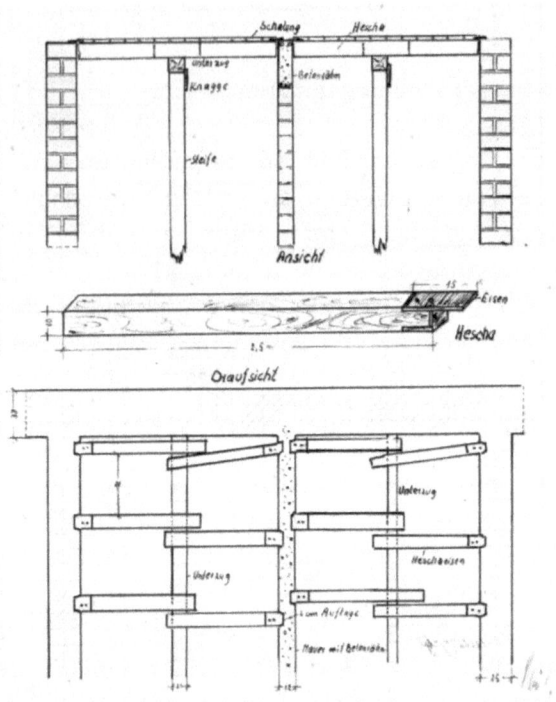

Zeichnung zu 16.6 Deckenschalung

15.7. Das Verlegen von Baustahlgewebe (Auszug aus dem Werkstattwochenbuch)

Nachdem die Zimmerleute die Decke eingeschalt hatten, reinigten wir die Bretter gründlich von Schmutzteilen. Die Schalbretter waren 24 mm dick und hatten eine raue Oberfläche. Die Bretter wurden dann mit "Relax" Holzschutz eingeölt. Als die Arbeit fertig war, konnten wir das Baustahlgewebe verlegen. Die Matten waren nach einem bestimmten Bewehrungsplan in Positionen aufgeteilt. Trag- und Verteilereisen waren durch ein Punktschweißverfahren fest miteinander verbunden und hatten je nach statischer Berechnung verschiedene Abstände. Die Stärken der Trageisen schwanken zwischen 6 und 8 mm. Die Verteiler sind 4 mm stark. Vorerst konnten wir nur die untere Bewehrung verlegen und zwar die Verteiler nach

80

oben und die Trageisen von tragender Wand zu tragender Wand. Beim Stoß faßten die Matten ca. 20 bis 25 cm über. Auf diese Bewehrung folgte eine weitere Matte, die den verstärkten Zug in der Mitte der Decke aufnehmen sollte. Die Trageisen der beiden Matten lagen parallel. Die Verteiler der Verstärkungsmatte unten. Die einzelnen Matten wurden mit Bindedraht aneinander geknotet. Da die Schornsteine durchgemauert waren, mussten die Matten dort ausgeschnitten werden. Um einen Ausgleich für die ausgeschnittenen Matten zu bekommen, wurden um die Rohre 14er Rundstähle verlegt und mit den Matten verknotet. Diese Eisen übertrugen jetzt die Last. Zum Schluss legten wir um die Mauerkrone einen Ringanker aus 14er Rundstahl mit aufgebogenen Enden.

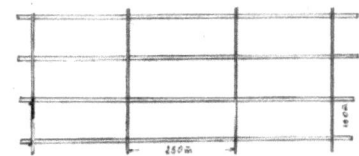

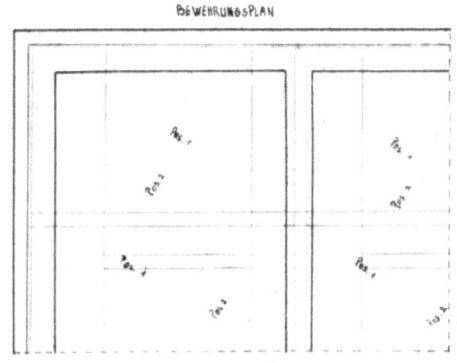

Zeichnung zu 15.7

15.8. Der Betoniervorgang

Die Zuteilung der Zuschlagstoffe erfolgte nach Augenmaß, doch konnte auch so ein Beton von brauchbarer
Qualität hergestellt werden. Nach dem Thema Bewehrung
will ich nun einmal schildern, wie der Betoniervorgang damals
ablief, wenn eine größere Menge Beton verarbeitet werden
musste.

Der Kies wurde mit LKW angeliefert, wobei die Kippvorrich-
tungen noch von Hand betätigt werden mussten. Mit einer
Kurbel wurde die Ladefläche an einer Seite hochgedrückt,
eine Arbeit mit viel Muskelkraft. Es wurden drei verschiedene
Körnungsgrößen angeliefert. Vom Polier wurde dann vorge-
geben wie viel Schaufeln jeder Körnung und wie viel Schaufeln Zement in den Behälter des Materialaufzugs geschaufelt werden sollten. Bevor wir ein Zementsilo hatten, wurden
die Zementsäcke aus der "Zementbude" in der Nähe des Mischers zwischengelagert.

Ein Mann leerte die Säcke in einen Speiskübel und konnte
dann mit einer Schaufel den Zement in den Aufzugsbehälter
befördern. Es wurden so vier Mann für das Beschicken des
Mischers benötigt. Wichtig war der Maschinist, der den Mischer bediente und für die richtige Menge Wasser zu sorgen
hatte. Das geschah natürlich nach Augenmaß und Erfahrung
um die richtige Plastizität des Betons zu erreichen. Zwei weitere Arbeiter wurden benötigt um den fertigen Beton vom
Mischer zum Aufzug und von dort bis zur Verwendungsstelle
zu bringen. Für diesen Transport wurden "Japaner" verwendet. Ein Blechbehälter mit rundem Boden zwischen großen
Stahlrädern, der sich zum Entleeren gut kippen ließ. Wenn
ich zurückblickend diesen Betoniervorgang betrachte, ist es
schon fast ein Wunder, dass bei diesem Herstellungsverfah-
ren brauchbare Ergebnisse erzielt wurden.

Allerdings wurden auch Probewürfel von dem Beton hergestellt, damit die Qualität im Baustofflabor überprüft werden
konnte.
Das Betonieren einer Decke dauerte bei den Wohnblöcken
den ganzen Arbeitstag. Der Vorgang durfte auch nicht unter-
brochen werden. Das war natürlich bei einsetzendem Regen
sehr unangenehm. Einen "Friesennerz" gab es noch nicht und
so war ich glücklich eine Segeltuchjacke zu besitzen, die einige Stunden dicht war, sonst wäre ich auch nass bis auf die
Haut geworden wie manch andere Kollegen. Die Verarbeitung des Betons vor Ort habe ich als Wochenbericht wie folgt
beschrieben:

*Zur Herstellung einer Baustahlgewebedecke sind vier Perso-
nen nötig, die den Beton, der mit Japanern angefahren wurde,
zu verarbeiten. Zuerst wird die Schalung mit Wasser angefeuchtet. Der erste Beton, der aufgetragen wird, ist ein ziemlich weicher, plastischer Beton. Die Baustahlgewebematten
werden dann mit einem Haken angehoben, damit das Gewebe
richtig in den Beton eingebettet liegt. Die unteren Bewäh-
rungsmatten liegen 1,5 cm über der Schalung. Der folgende
Beton ist plastisch steif und wird , wenn er von der Pritsche
gekippt ist, mit Schaufeln verteilt, bis er die vorgeschriebene
Höhe hat. Die richtige Höhe der Decke überprüft man mit
Stahlstäben, die in den Beton gestoßen werden. Die obere
Bewehrung wird in den weichen Beton eingedrückt, dass sie
1,5 cm unter der Deckenoberkante zu liegen kommt. Bevor die
Bewehrung in den Beton gedrückt wird, wird die Masse mit
einem Tauchrüttler (siehe Zeichnung) verdichtet. Bei der oberen Bewehrung liegen die Trageisen oben. Zum Abschluss wird
die Decke mit Brettern abgezogen und mit der Kardätsche
glatt gerieben. Bei der Baustahlgewebedecke wird B 225 hergestellt, im Mischungsverhältnis 1:4. Dem Beton wird "Isola"
zugesetzt, um ihn geschmeidiger zu machen.*

Damals gab es noch keine Abstandhalter, die gewährleisten, dass die notwendige Betonüberdeckung auch überall eingehalten wurde. Beim Ausschalen der Decken konnten wir auch hin und wieder Eisen sehen, die nicht richtig vom Beton ummantelt waren. wir haben diese Stellen dann mit Zementmörtel "ausgebessert".

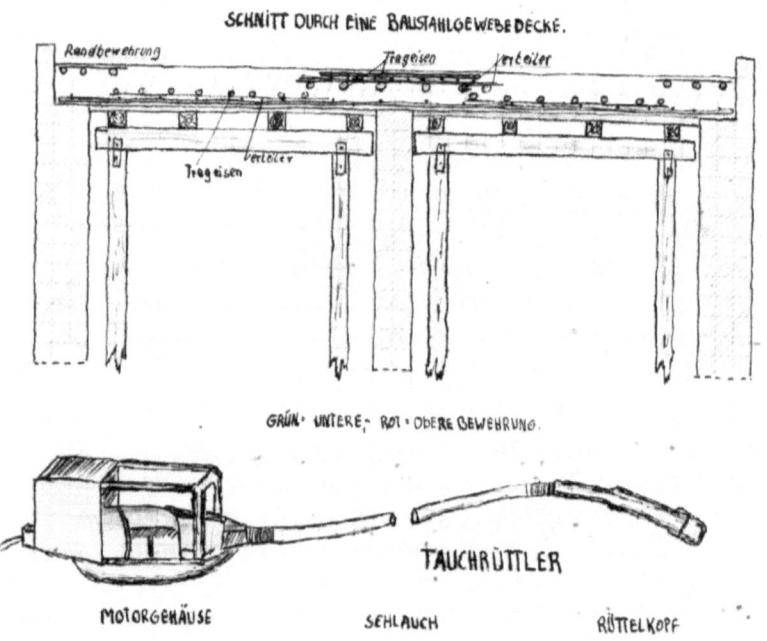

Zeichnung zu 15.8

15.9 Hohlkörperdecken

Es gab auch eine ganze Anzahl von Hohlkörperdecken, doch wurden diese bei uns kaum verlegt. Die Herstellung einer solchen Decke habe ich im Wochenberichtsheft vom November 1954 wie folgt beschrieben:

Bei einem Neubau in Hannover hatten wir eine "Wenko-Decke" herzustellen. Die Zimmerleute hatten bereits eine Sparschalung angefertigt, so dass wir sofort mit dem Verlegen der Deckensteine beginnen konnten. Die Steine wurden so verlegt, dass die Rippen von tragender Wand zu tragender Wand gehen. In die Rippen wurden die Eisen verlegt. Es handelte sich um 20er Thorstahl, deren Enden aufgebogen waren. Nachdem diese Vorarbeiten beendet waren, machten wir Beton. Eine dünnplastische Mischung 1:4,5 wurde zwischen die Steine geschüttet und die Rippen damit ausgefüllt bis nur noch die Spitzen der Steine aus dem Beton ragten. Nachdem der Grundbeton fertig war konnten wir den Ausgleichsbeton *in einer Stärke von 5 cm auftragen. Dieser Beton, 1:3 wurde mit Lehren abgezogen. Nachdem der Ausgleichsbeton fertig war, wurde die Decke laufend mit Wasser bespritzt um eine Rissebildung zu vermeiden.*

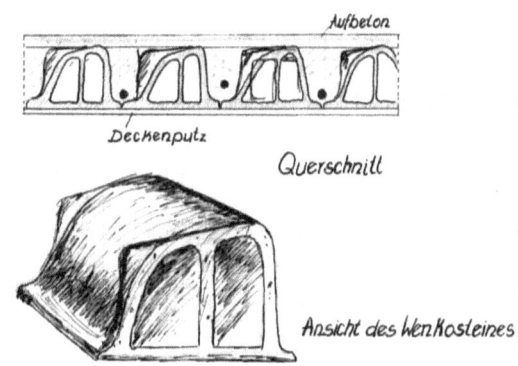

Aufbeton

Deckenputz

Querschnitt

Ansicht des Hohlsteines

85

15.10 Gesims betonieren. (Auszug aus dem Werkstattwochenbuch)

Bei einem Neubau in Hannover hatten wir Gesimse zu flechten, die mit einer Baustahlgewebedecke zusammen gegossen werden sollte. Die Zimmerleute hatten das Gesims bereits eingeschalt und die untere Lage des Baustahlgewebes war verlegt. Da das Gesims die ganze Dachlast zu tragen hatte, musste es sehr stark bewehrt werden. Die Verbindung zwischen Gesims und Decke stellten aufgebogene Bügel her, die in der Zugzone des Betons lagen (siehe Zeichnung) und mit dem Baustahlgewebe verknotet wurden. Die Eisen hatten einen Durchmesser von 10 mm und einen Abstand von 25 cm voneinander. In der Längsrichtung wurde das Gesims durch Ringanker bewehrt, die einen festen Kranz um die ganze Decke zogen. Um die Bügel gegeneinander vor Verschieben zu schützen, wurden in der Biegung des Gesimses Verteiler gerödelt. Die Ringanker hatten einen Durchmesser von14 mm, die Verteiler einen von 6 mm. Gerödelt wurde mit Bindedraht im Kreuzschlag.

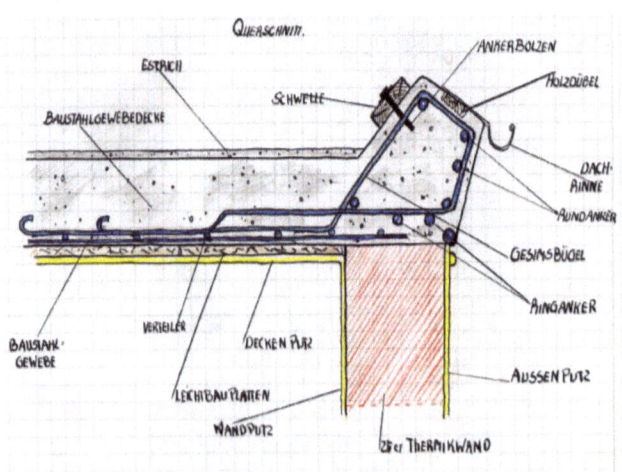

15. 11 Herstellung eines Streifenfundaments
(Auszug aus dem Werkstattwochenbuch)

Für Autogaragen in Hannover hatten wir Fundamente (Bankette) zu stampfen. Die Arbeiter hatten den Mutterboden abgedeckt und unter Anleitung des Poliers die Fundamentgräben ausgestochen. Da die Fundamente bis 30 cm über das Erdreich reichten, mussten wir sie mit Gerüstbrettern einschalen. Um den Druck nach außen beim Stampfen abzufangen, schlugen wir alle 2,5 m kurze Pfähle in das Erdreich und nagelten Knaggen über die Bretter (siehe Zeichnung). Die Fundamentbreite betrug 15 cm mehr als die des darauf ruhenden Mauerwerks. Am Eingang der Garagen waren Säulen geplant, die das gesamte Dach der Garage auf der Vorderfront zu tragen hatten. Auch die Säulenfundamente mussten eingeschalt werden. Als Fundamentbeton benutzten wir eine Mischung 1:10 (Z 225 zu Kies). Der Beton war erdfeucht und wurde mit Karren zur Arbeitsstelle gefahren und dort mit Handstampfern ordentlich verdichtet. In den Säulenfundamenten ließen wir Rundeisen ein, die an den Enden aufgebogen waren und etwa 50 cm aus dem Beton herausragten. Die Stärke der Eisen betrug 24 mm. Die Eisen hatten die Aufgabe eine feste Verbindung zwischen den Fundamenten und den Säulen herzustellen.

Wie bei vielen Bauten wurden die Fundamente getrennt von der Bodenplatte betoniert Es wurde auch keine Bewehrung eingelegt. Diese Baumethode beruhte in erster Linie darauf, dass wir einen guten Baugrund hatten und dass die Belastung nicht sehr hoch war.

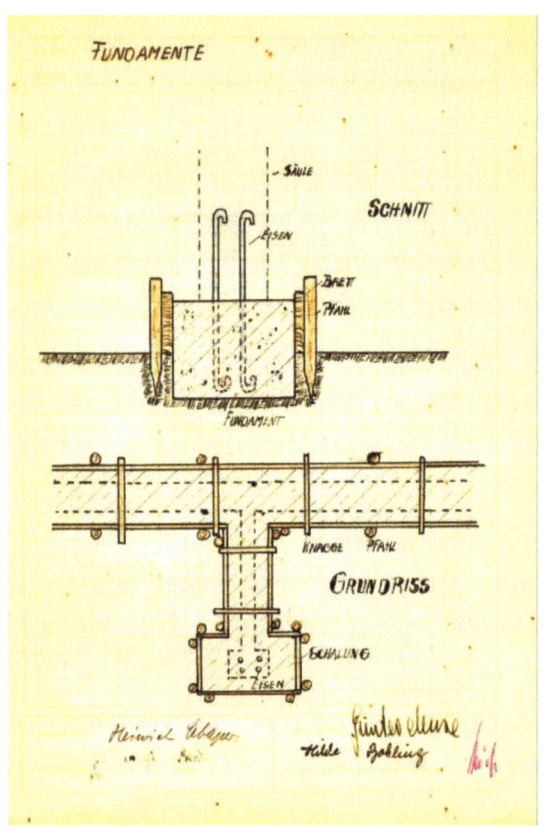

Zeichnung zu 15.11 mit den Unterschriften meines Lehrmeisters, meiner Mutter, meines Berufsschullehrers und von mir.

15.12 Herstellung einer Kragplatte (Auszug aus dem Werkstattwochenbuch)

Bei einem Neubau in Hannover hatten wir eine Kragplatte über einer Haustür zu betonieren. Die Platte wuchs aus dem Türsturz heraus (siehe Zeichnung) und wurde in einem Stück zusammen hergestellt. Die Zimmerleute hatten die Schalung bereits angefertigt, so dass wir sofort mit dem Betonieren beginnen konnten. Die Bewehrung für die Platte war mit dem Bewehrungskorb des Sturzes in einem Stück. Die Eisen lagen bei der Kragplatte oben, während die Trageisen für den Korb unten lagen und an den Auflagern, dem Zug entsprechend nach oben geführt wurden. Der Schalung wurde als Putzträger auf der Innenseite des Sturzes eine 1 cm starke Leichtbauplatte vorgelegt. Wir benutzten einen plastischen Beton 1:4, den wir durch rütteln und stochern verdichteten. Die Körnung des Zuschlagstoffes (Kies) war mittelgroß. Auf den Grundbeton der Kragplatte kam ein Gefällebeton, in welchem Holzdübel für den späteren Zinkbelag eingelassen wurden

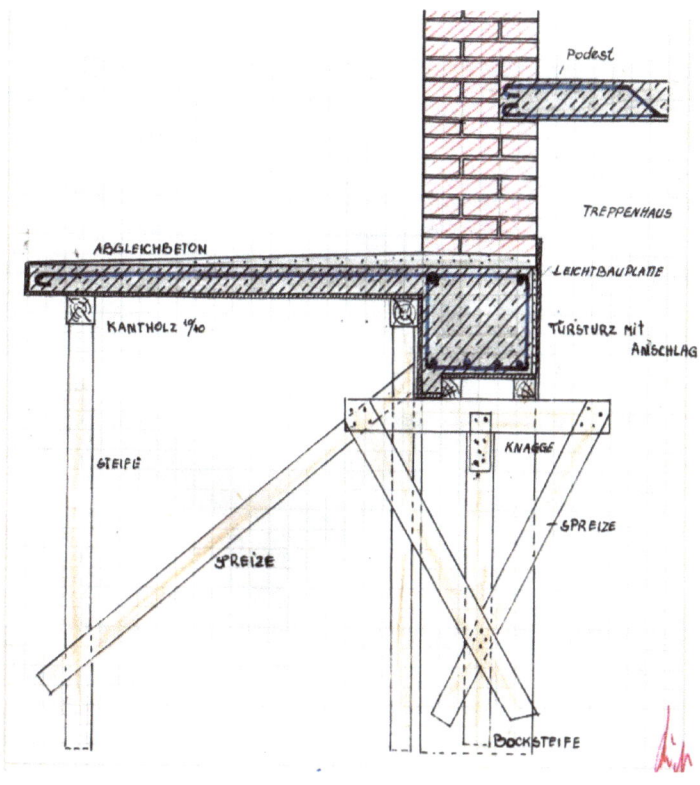

Zeichnung zu 15.12.

16. Entwässerungsarbeiten

Bevor Streifenfundamente hergestellt wurden, mussten die Leitungen für die Gebäudeentwässerung verlegt werden. Die Gräben dafür wurden von Hand ausgehoben, das Erdreich mit Handkarren aus Blech mit Eisenrädern aus der Baugrube herausgefahren oder auch zwischen den künftigen Fundamente abgelagert, wenn Platz genug war. Bei unseren Baustellen lagen die Rohre nicht besonders tief, so dass wir die Rohrgräben mit leichter Böschung ausheben konnten und keine Schalung brauchten. Die Rohre, die wir verwendeten, waren aus Steinzeug und hatten kräftige Muffen. Sie waren 1,00 m lang und hatten Durchmesser von 10 bis 15 cm. Es gab Formstücke für Abzweige, Bogen und Übergangsstücke auf andere Durchmesser. Wichtig war das richtige Gefälle herzustellen. Diese Arbeit wurde vom Polier besonders überwacht. Die Muffen der Rohre wurden mit einem Teerstrick abgedichtet und anschließend mit einer Asphaltmasse restlos geschlossen. Bevor die Rohrgräben wieder verfüllt wurden, haben wir mit dem Schlauch Wasser in das System geleitet um die Dichtigkeit und den Ablauf zu überprüfen. Das Verfüllen erfolgte meist mit dem Aushub, da wir auf unseren Baustellen in der Regel sandigen Boden hatten, der sich dann auch gut verdichten ließ.

Einmal musste ich an der Absenkung von Brunnenringen mitarbeiten. Ich weiß nicht mehr, welchen Zweck dieser Schacht haben sollte, vielleicht sollte es eine Zisterne werden. Die Brunnenringe waren aus Beton und hatten einen Durchmesser von zwei Meter. Der erste Ring wurde fein säuberlich in Waage auf den Boden gelegt und dann von innen das Erdreich entfernt, bis unter die untere Kante. Dann ging es nach diesem System weiter, immer schön den Boden unter dem Ring ausgraben, so dass dieser vom Gewicht des nächsten Rings nach unten gedrückt wurde. Wir hatten sandigen

Boden und stießen schon bei ca. 2,0 m auf Grundwasser. Über dem Schacht wurde ein Dreibock aufgestellt. Ein Eimer wurde an einem Seil befestigt. Dieses lief über eine Rolle, so dass der Eimer bis auf die Sohle herabgelassen werden konnte. Die ausgehobene Erde konnte so nach oben befördert werden. Als wir auf eine Wasserader stießen, wurde es unangenehm. Mit einer Pumpe wurde das nachströmende Wasser abgepumpt, aber der Aushub war nass und schlammig, so dass ich nicht nur mit den Gummistiefeln im Wasser stand, sondern auch von oben von aus dem Eimer abtropfende Wasser nass wurde. xSoweit ich mich erinnern kann, wurde der Schacht 2,5 m vielleicht 3,00 tief und ich war froh, dass ich dann zu einer anderen Baustelle geschickt wurde.

17. Weitere Arbeiten, bei denen ich mitwirken durfte.

17.1. Kellerfußboden (Auszug aus dem Werkstattwochenbuch)

Bei einem Neubau in Hannover hatten wir die Kellerfußböden herzustellen. Zuerst wurde der gesamte Kellerbereich eingeebnet. Nachdem der Polier die Höhe angegeben hatte, schlugen wir Pflöcke in die Erde, die wir mit dem Richtscheid auf gleiche Höhe brachten. Nun konnte der Grundbeton eingestampft werden. Dieser bestand aus einer Mischung 1:10 (Z 225:Kies), war erdfeucht und wurde mit Stampfern ordentlich verdichtet. Er wurde mit einem geraden Brett oberflächlich abgezogen, wobei wir uns nach den Höhenpfählen richten konnten. Nachdem der Beton angezogen hatte, konnten wir die Lehrlatten legen, um eine gleichmäßige Schicht Estrich danach abzuziehen. Mit Wasserwaage und Richtscheid wurden die Latten in die richtige Lage gebracht. Nun wurde der Estrichbeton (1:3, Z 225 : Feinkies) ausgebreitet und mit einem Brett abgezogen. Nachdem die Latten entfernt waren, wurden auch die Stellen mit Estrich ausgefüllt, wo die Lehren gelegen hatten. Der Estrich konnte jetzt anziehen. Nach einer Stunde wurde der Boden mit dem Handbrett abgerieben, mit Zement gepudert und dann wieder abgerieben. Mit der Maurerkelle glätteten wir den Estrich. Wir hatten besonders darauf zu achten, daß keine Ansätze bei den Kellenstrichen entstanden und dass der Estrich nicht wellig wurde. Am folgenden Tag wurde der Estrich mit Wasser angefeuchtet, um eine Rissebildung zu vermeiden und die Festigkeit des Betons zu erhöhen.

17.2. "Flickarbeiten", Herstellung einer kleinen Betondecke, (Auszug aus dem Werkstattwochenbuch)

Beim Umbau der Toiletten in einem mehrgeschossigen Haus in der Köthenwaldstraße hatten wir zuerst die alten Tonrohre des Trockenklosetts ausgebaut, keine angenehme Arbeit. Dann hatten wir eine Zwischendecke zu schütten. Die ca. drei qm große Decke hatte einmal eine neu gezogene Wand und zum Andern altes Mauerwerk als Auflage. Ich bekam den Auftrag ein halbsteiniges Auflager in die alte Wand zu stemmen, während der Geselle die Schalung fertig zuschnitt. Nachdem ich mit meiner Arbeit fertig war, stellten wir die Steifen auf und legten die Unterzüge darüber, die wir an den Knaggen festnagelten. Ich schob dann Keile unter die Steifen, um die richtige Höhe zu bekommen. Der Geselle legte die Querhölzer über die Unterzüge und darauf die Schalbretter, die ich anreichen musste. Um die Decke in eine waagerechte Lage zu bringen, zog ich an verschiedenen Stellen die Keile an, während der Geselle mit der Wasserwaage die Waagerechte prüfte und mir die Ergebnisse zurief, damit ich mich danach rich-

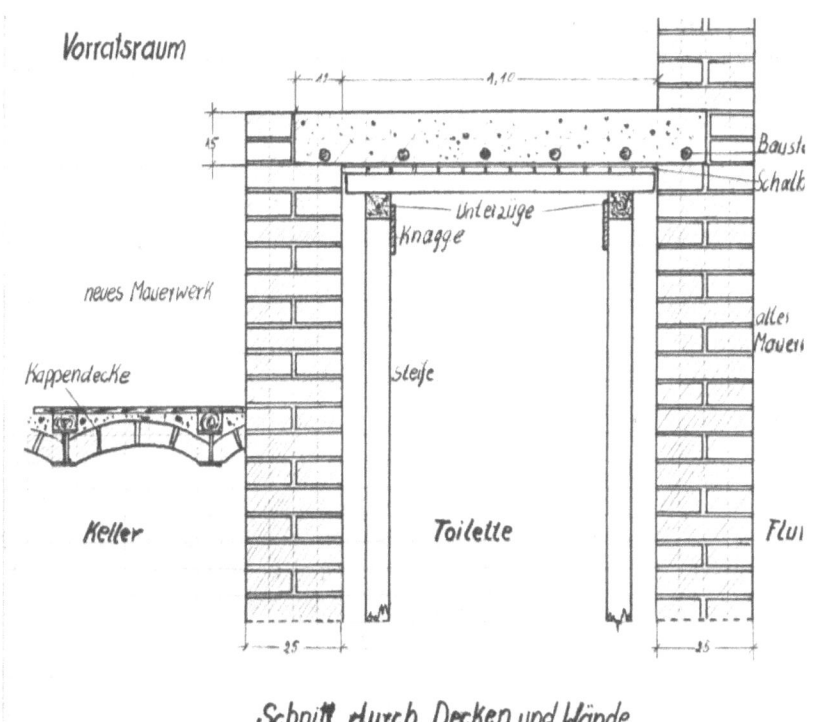

Vorratsraum

Unterzuge
Knagge
neues Mauerwerk
Kappendecke
Stelle
Keller · Toilette · Flur

Baustel
Schalt
alter
Mauer

Schnitt durch Decken und Wände

Zeichnung zu 17.2

ten konnte, wo die Keile noch etwas angezogen werden mußten. Nach dieser Arbeit verlegten wir die Baustahlgewebemat-
te. Hierbei wurde mir erklärt, dass ich darauf zu achten hätte,
dass die stärkeren Eisen des Gewebes nach unten zu liegen
kamen. Anschließend stellten der Geselle und ich eine Mischung 1:4 (Zement zu Kiessand) her und feuchteten den Beton an, so dass er ziemlich steif blieb. Bevor der Beton auf die
Schalung geschüttet wurde, musste ich die Bretter anfeuch-
ten. Als die erste Lage aufgetragen war, wurde die Baustahl-
matte leicht angehoben, damit sie auch richtig im Beton eingebettet liegt. Dann erst wurde der restliche Beton auf die

Decke gebracht, die eine Stärke von 15 cm hatte. Während der Geselle den Beton mit einer Latte abzog, mußte ich die Schaufeln von den Betonresten reinigen.

17.3. Stufen mit Waschbeton
(Auszug aus dem Werkstattwochenbuch)

Ich bekam vom Polier den Auftrag mit einem Gesellen zusammen eine Eingangsstufe zum Haus herzustellen. Die Stufe wurde von zwei gemauerten Konsolen getragen. Sie hatte einen Auftritt von 35 cm und eine Steigung von 20 cm. Vom Zimmermann war die Form für die Stufe bereits hergestellt. Wichtig war für uns, daß die Oberkante genau waagerecht lag. Form und Lage der Stufe siehe Zeichnung. Zuerst stampften wir den Stufenbeton (M 1:3) und setzten an den Außenseiten 2 cm Steinputz/Waschputz vor. Auch auf dem Auftritt brachten wir Waschputz an, den wir mit dem Handbrett abrieben und mit der Kelle glätteten. Unsere Stufenoberkante lag 1 cm unter der Anschlagschiene und senkte sich dann weiter, um einen weiteren cm (Siehe Zeichnung), so daß von der Unterkante Haustür 2 cm Luft blieben. Nachdem die Stufe angezogen hatte, entfernten wir die Form und glätteten die Ansichtsflächen. Zum Abschluss wurde die ganze Stufe mit einem Schwamm abgetupft und abgewaschen. Hierdurch entstand der glatte, aber trotzdem raue Waschputz.

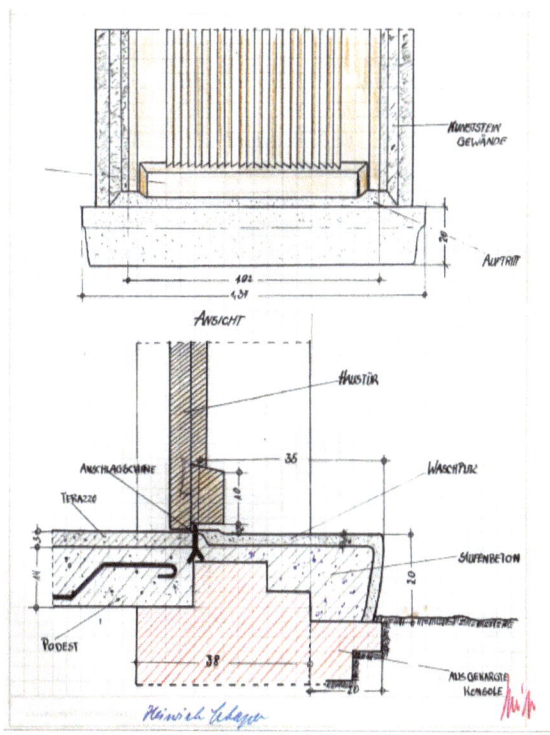

Zeichnung zu 17.3

17.4. Herstellen einer Betontreppe (Auszug aus dem Werkstattwochenbuch)

Ich bekam vom Polier den Auftrag, eine Kellertreppe aus Beton herzustellen (11 Stufen). Der Stahlbetonlauf war bereits fertig und abgebunden. An den Wangen waren die Stufen vom Polier aufgerissen, so daß ich mit meinem Stufenbrett die einzelnen Stufen gut einschalen konnte. Das Profilbrett keilte ich an den Wangen fest. Am Treppenlauf verhinderte ich ein Ausweichen des Brettes durch ein Stück Baustahl. Nachdem die Schalung und die Betonunterlage gut angefeuchtet waren, stampfte ich den Kernbeton ein (M1:5). An der Stirnseite und

95

dem Auftritt wurde ein 3 cm starker Estrich vorgesetzt (M1:3). Die Oberfläche wurde mit dem Handbrett abgerieben, mit Zement gepudert und mit der Kelle geglättet. Die Stufenkanten habe ich leicht abgerundet.

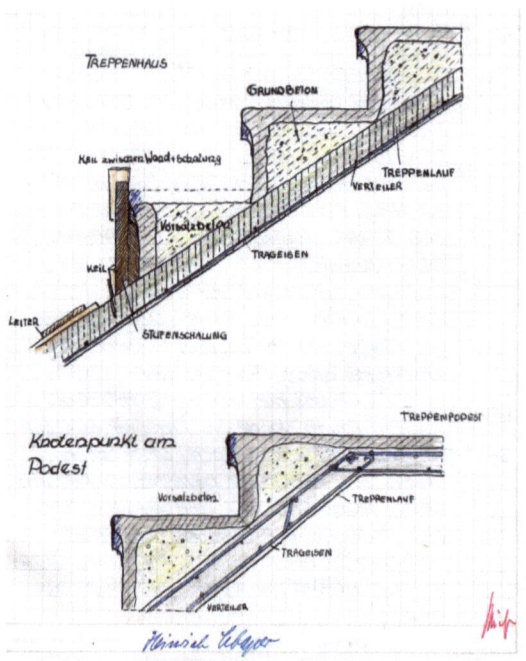

Zeichnung zu 17.4

18. Putzarbeiten

Bei uns war es üblich, dass von den Maurern auch die Putzarbeiten ausgeführt wurden, dazu gehörten auch Trockenbauarbeiten. Ich hatte einmal mit einem Gesellen im Winter eine schöne Baustelle im Dachgeschoss eines Wohnhauses. Wir hatte dort zur Verkleidung von Dachschrägen und Fachwerkwänden Gipskartonplatten anzubringen. Ich hatte bis dahin diesen Baustoff noch nie kennengelernt. Wir nagelten zuerst

Dachlatten an die Sparren und eine Holzkonstruktion als "Sparschalung". Die Gipskartonplatten der Firma Rigips wurden mit speziellen Nägeln angenagelt. Wurden Passstücke erforderlich, so wurde auf einer Platte das Maß angezeichnet und mit einem scharfen Messer eingeritzt, so dass die Platte an der Schnittkante leicht gebrochen werden konnte. Die Fugen wurden mit einem Gazestreifen überdeckt und mit Gips überspachtelt. Fertig!

Das Verputzen von Decken und Wänden mit Mörtel war dagegen schon eine schwierige Sache und vielschichtig, je nachdem, welcher Putzgrund vorhanden war und welcher Putz aufgetragen werden musste. Zuerst musste man lernen den Putz mit der Kelle und einer geschickten Drehung des Handgelenks an den Putzgrund zu befördern. Bei mir hat es schon etwas gedauert bis ich den richtigen Schwung raus hatte.
Ich erinnere mich noch gut an meine erste Lehrstunde zu diesem Thema. In einem Raum war ein kniehohes Gerüst eingezogen und der Polier ließ mich in einem Kübel einige Schaufeln scharfen Sand und Zement mit viel Wasser mischen. Die Konsistenz war flüssig. Er nahm eine Kelle der Brühe, führte sie schnell bis kurz vor die Betondecke, um dann mit einer geschickten Bewegung das Material an die Betondecke zu befördern. Er nannte dass "Vorspritzen", damit der später aufzubringende Putz eine bessere Haftung bekäme. Nachdem er den Vorgang einige Male wiederholt hatte, wurde ich aufgefordert es ihm nachzumachen. Ich hab es versucht, die Sand/Zementmischung landete gut verteilt an der Wand und auf dem Gerüstboden. Mit viel Geduld vom Polier musste ich den Vorgang wiederholen, bis ich den Schwung endlich raus hatte und von der Mischung der größere Teil an der Decke hängen blieb.

Einfacher war da schon das Verputzen von Wänden, vor allem mit Kalk- oder Zementputz. Es kam da vor allem darauf an,

den Putzmörtel in der richtigen Konsistenz und Geschmeidigkeit anzurühren. Fertigmörtel kannten wir nicht.
Mit einigem Geschick konnte er dann gleichmäßig an das Mauerwerk angeworfen werden, mit einer "Kardätsche" abgezogen und dann mit dem Handbrett abgerieben werden.
Etwas schwieriger war es beim Putz mit Gipszusatz, dann musste man noch zügig arbeiten, damit der Putz nicht schneller erhärtete bevor man mit den Arbeitsgängen an der Oberfläche fertig war.

Eine Arbeit, die ich gar nicht liebte, war das Anbringen von Holzwolle-Leichtbauplatten, Fabrikat "Heraklith" als Putzträger an der Unterseite von Holzbalkendecken. Diese wurden mit Spezialnägel befestigt. Ich hatte immer Probleme *über Kopf* zu nageln, traf man dazu den Nagel nicht richtig, schlug man gleich ein Loch in die Leichtbauplatte, darum habe ich bei jedem Hammerschlag die Luft angehalten, ob ich den Nagel auch zentral treffen würde.

18.1. Leichtbauplatten auf Sparschalung
(Auszug aus dem Werkstattwochenbuch)

Ich bekam vom Polier den Auftrag mit meinem Mitlehrling Manfred Siano unter dem Dach Leichtbauplatten anzunageln. Die Platten wurden auf eine bereits vorhandene Sparschalung genagelt und sollten später einen Deckenputz tragen. Ein Gerüst war bereits vorhanden, so daß wir direkt mit der Arbeit beginnen konnten. Zuerst nagelten wir ganze Platten an und zwar so, daß der Stoß auf die Mitte der Sparschalung zu liegen kam. Da das Treppenhaus 2,30 m breit war, mußten wir an jeder der 2 m langen Platten noch 30 cm ansetzen. Wir hatten die Platten so angebracht, daß die Stöße versetzt waren. Genagelt wurden die Platten mit 65er Plattennägeln (verzinkt). Als wir die Platten angenagelt hatten, mußten wir die Fugen mit Baudrahtfugenschutz (Siehe Zeichnung) benageln.

Dieser Fugenschutz soll das Reißen des Putzes an den Platten-
fugen verhindern. Zur Befestigung dieser Streifen benutzten
wir Pappnägel (siehe Zeichnung). Nach Beendigung dieser
Arbeiten konnten wir mit dem Vorspritzen beginnen. Dieser
Spritzwurf soll ein Abrutschen des Putzes an den glatten
Leichtbauplatten verhindern. Wir benutzten eine Zementmi-
schung (M 1:3, Z 225: Feinkies) und arbeiteten diese im Kübel
sehr dünnflüssig auf. Der Spritzwurf wurde in einer gleichmäßigen dünnen Lage angeworfen. Die Oberfläche der Leichtbauplatten bildete so einen vortrefflichen Putzgrund.

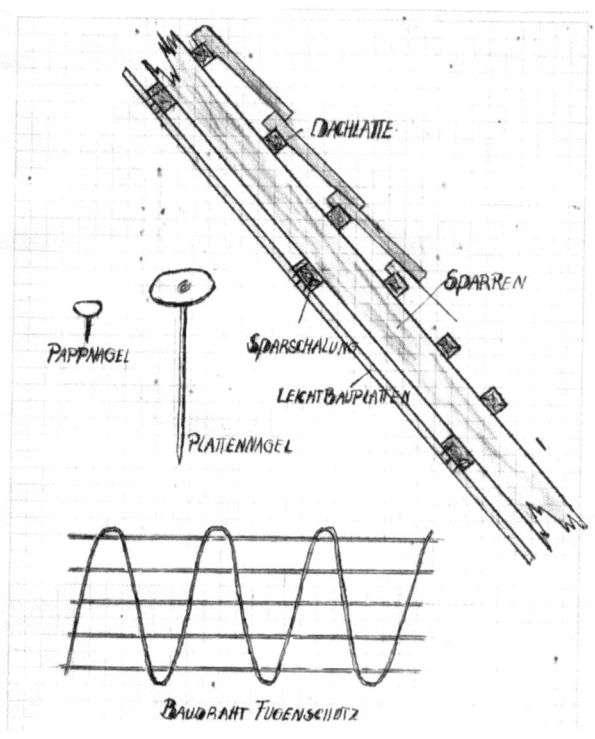

Zeichnung zu 18.1

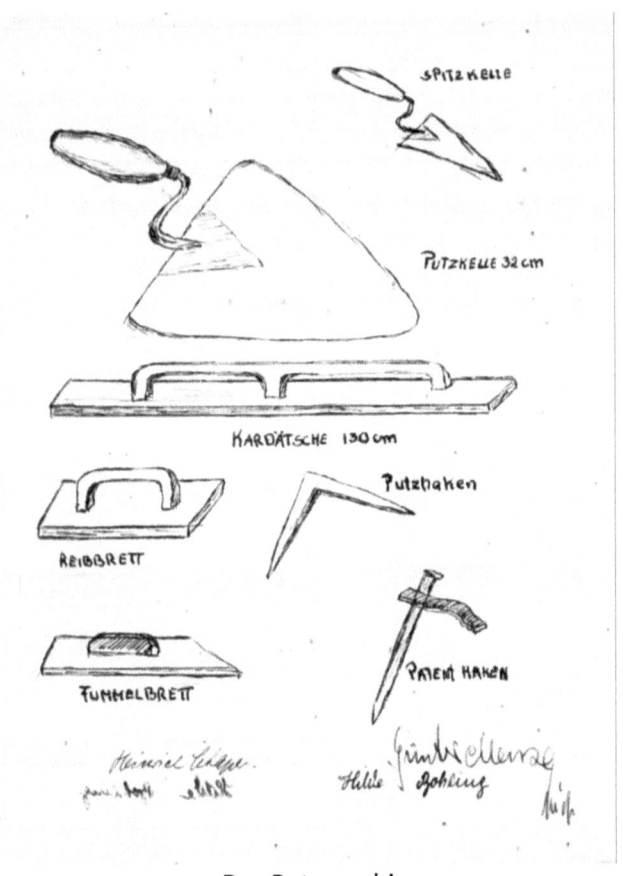

Das Putzgeschirr

18.2. Wandputz

Beim Wohnungsbau hatten die Räume eine lichte Höhe von ca. 2,50 bis 2,60 m. Um die Decken zu verputzen war es erforderlich über die gesamte Fläche des Raumes ein niedriges Gerüst von ca. 0,5 m Höhe aufzustellen. Diese Arbeit wurde meist von den Handlangern ausgeführt. Das Verputzen der Räume geschah in zwei Abschnitten. In der ersten Phase wurde der "Kopf", also die Decke und daran anschließend ca. 1,oo m Wandfläche verputzt, dann das Gerüst abgebaut, damit anschließend die restliche Wandfläche verputzt werden konnte. Bei den Türen wurden während meiner Lehrzeit in der Regel keine Stahlzargen eingebaut. Die Türen erhielten vom Schreiner *Futter und Bekleidung*, die auf den Putz aufgesetzt wurden. Wir mussten daher an den Türlaibungen den Putz gerade abschließen lassen. Es wurden daher gerade Bretter als Putzlehren in den Leibungen eingesetzt und mit den Putzhaken befestigt. An den Fensterlaibungen wurde meist ebenso verfahren, obwohl man dort auch gut Eckschutzschienen hätte einsetzen können. Bevor man als Lehrling am *Kopf* mit putzen durfte, wurden wir *am Fuß* zum Nachputzen eingesetzt, wie ich es im folgenden Wochenbericht beschrieben habe.

Wir hatten im Mittelfeld begonnen die Bauten von innen zu verputzen. Die Gesellen putzten die Köpfe während einige Junggesellen und Lehrlinge nachputzten. Ich hatte mit dem Lehrling Heinrich Wächter einen Fuß zu putzen. Zuerst arbeiteten wir unsere Kübel auf, damit der Kalk weich wurde, aber er durfte nicht zu nass werden, da wir bei der Gipszugabe noch Wasser zusetzen mußten. Nachdem der Gips zugesetzt war, wurde der Mörtel schön geschmeidig gemacht und dann mit der Putzkelle in einer gleichmäßigen Schicht angeworfen. Abschließend wurde er mit der Kardätsche in beiden Richtungen abgezogen. Nachdem der erste Wurf angezogen hatte, wurde ein zweiter aufgetragen und abgezogen. Es war wichtig, dass der Mörtel diesmal gleichmäßig auf die ganze Fläche verteilt wurde. Besonderen Wert legten wir auf die Ecken, so daß diese auch tadellos gerade wurden. Nachdem der Putz angezogen war, konnten wir den Mörtel zum "Weißaufziehen" fertig machen. Dieser Mörtel bestand aus Putzmörtel, Weißkalk und Gips. Entscheidend für diesen Mörtel ist die richtige Zusammensetzung, da der Putz beim "Filzen" bunt wird oder sandet. Der Weißmörtel wurde nur in einer dünnen Schicht aufgezogen. Als der letzte Quadratmeter Weiß aufgezogen war, konnten wir den ersten Putz schon mit dem Reibebrett abreiben. Wichtig war, dass der Übergang vom "Kopf" zum "Fuß" auch richtig abgerieben war, damit kein Absatz entstand. Am folgenden Tag wurde der Putz mit dem Filzbrett abgefilzt, dadurch wurde die Oberfläche vollkommen glatt.

18.3. Einbau von Lüftungssieben
(Auszug aus dem Werkstattwochenbuch)

Ich bekam vom Polier den Auftrag mit einem anderen Lehrling Lüftungssiebe in die Speisekammernischen der Küchen in einem Neubau in Hannover einzusetzen. Die Siebe bestanden aus verzinktem Eisenblech und hatten drei Schlitze (siehe Zeichnung). Die Öffnungen für die Entlüftung waren beim Mauern bereits in der Außenwand gelassen worden. Wir machten uns einen Zementmörtel (M 1:3, Zement zu Sand).Mit diesem Mörtel wurden die Siebe mittels der Anker fest eingesetzt und alle Fugen voll verstrichen. Die Siebe mußten 1,5 cm aus der Außenwand vorstehen, damit sie später nicht vom Außenputz überdeckt werden. Wichtig war, dass sie selber vollkommen gerade saßen. Außerdem mußten die Siebe genau in einer Höhe liegen. Entscheidend war auch, dass die Siebe genau in der Mitte des Fenster lagen.

Eine weitere Arbeit, die gerne den Lehrlingen übertragen wurde, war das Einsetzen von *Gardinenhakenhülsen.* Es handelte sich dabei um kleine Blechhülsen, die in den Fenstersturz eingesetzt wurden um die Gardinenhaken aufzunehmen. An diesen Haken wurden dann später die Gardinenleisten aufgesetzt.

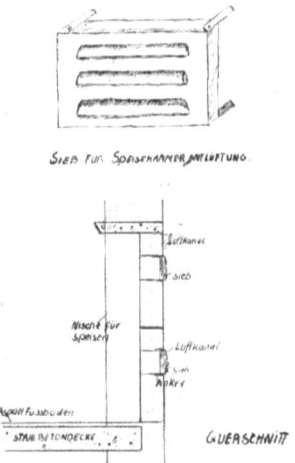

Lüftungssiebe, Zeichnung zu 18.3

18.4. Verputzen und isolieren von Kelleraußenmauerwerk
(Auszug aus dem Werkstattwochenbuch)

Ich mußte mit einem anderen Lehrling zusammen das Keller-mauerwerk von außen putzen und mit einem Isolieranstrich versehen. Zuerst schaufelten wir uns den Arbeitsraum bis auf die Bankette frei, damit der Putz auch das gesamte Mauer-werk bis unten bedecken konnte. Anschließend stellten wir eine Mischung Zementmörtel her (M 1:4, Z 225 zu Putzsand). Die Mischung wurde im Kübel aufgearbeitet, in einer 1 cm starken Lage angeworfen und mit der Kardätsche abgezogen. Während der Putzmörtel anzog, mussten wir einige Gerüstlö-cher, die sich noch im Mauerwerk befanden, zusetzen. Nach einigen Minuten konnten wir eine weitere dünne Schicht an-werfen und nach oben und zur Seite abziehen. Der Putz be-deckte jetzt das gesamte Mauerwerk in einer gleichmäßigen 1,5 cm starken Schicht. Bevor wir abreiben konnten, mußte der Putz wieder etwas anziehen, da sonst später Risse entste-hen konnten. Während dieser Zeit konnten wir an einer wei-

teren Fläche die erste Putzlage anwerfen. Weiter an der ersten Fläche erfolgte jetzt das Abreiben mit dem Handbrett. Um nach oben einen Abschluß zu finden, hatten wir eine waagerechte Putzlatte angeschlagen. An den Ecken waren ebenfalls Latten als Lehre senkrecht angeschlagen. Nachdem der Putz an den Ecken angezogen war, haben wir die Latte entfernt und die Kante abgerundet abgerieben.

Am nächsten Tag wurde die Isoliermasse "Eurolan" mit einem Quast gleichmäßig aufgetragen und zwar bis zum Fundament. Nachdem der erste Anstrich getrocknet war, wurde das Ganze noch einmal überstrichen. Da sich beim Streichen mit "Eurolan" Gase bilden, die nach unten sinken, mussten wir vorsichtig sein, dass wir beim Bücken keine Gasvergiftung bekamen.

Die Isolierarbeiten machten wenig Freude, da die schwarze Isoliermasse bald auch an den Händen klebte und böse Flecken auf unseren sonst weißen Hosen hinterließ. Wir hatten keine Handschuhe und auch keine Schutzbrille. Wir versuchten mit einem Stück Papier von einem Zementsack die Hände zu umwickeln, was aber sehr unbequem war.

18.5. Außenputz (Auszug aus dem Werkstattwochenbuch)

Bei einem Neubau in Hannover hatten wir den Außenputz herzustellen. Das Gerüst war bereits von einer Gerüstbaufirma aufgestellt worden. Zuerst mussten wir die Grundierung herstellen. Diese bestand aus einem Mörtel aus Feinkies und hochhydraulischem Kalk (HK 80). Um ein gutes Anhaften des Mörtels am Mauerwerk zu gewährleisten, wurde dieses mit Wasser gründlich angefeuchtet. Der Putzgrund hat dadurch Wasser genug, er ist gesättigt und entzieht dem Mörtel nicht das zum Abbinden notwendige Wasser. Der Putz wurde in einer gleichmäßigen Lage von ca. 1,5 cm angeworfen, mit der Kardätsche abgezogen und mit dem Handbrett abgerieben. Als der Putz etwas angezogen hatte, wurde er mit einem ei-

sernen Kamm aufgeraut. *Die Fensterlaibungen wurden recht-winkelig nach angeschlagenen Lehren geputzt. Um die Fenster blieb eine 7 cm breite Fasche nicht aufgeraut.*
Nachdem der ganze Block grundiert war, konnten wir den Edelputz auftragen. Er bestand aus einem "Tropholit Nester-putz". Er wurde mit der Kelle angeworfen und mit dem Hand-brett glatt gezogen, so daß Nester im Putz zurück bleiben. Um Ansätze im Putz zu vermeiden, wurde immer eine Front auf einmal geputzt, wobei auf jeder Gerüstlage ein Putzer kam. Bei den Längsfronten putzen wir immer bis zur Dehnungsfuge. An den Fenstern wurden die Faschen senkrecht abgeschnitten. Zum Abschluss mußte ich die Dachrinnen und Fensterbleche von Mörtelresten reinigen.

19. Freizeit

Da wir in der Woche von Montag bis Samstagmittag arbeite-ten, blieb nicht allzu viel Zeit für die Freizeitgestaltung übrig. Bei einer täglichen Arbeitszeit von 8,5 Stunden, zuzüglich ca. 1 Stunde für Frühstücks- und Mittagpause und zwischen einer und anderthalb Stunden Fahrtzeit, war der Feierabend recht kurz bemessen. In den Wintermonaten haben wir unser Zu-hause, mit Ausnahme der Wochenenden, nur im Dunkeln verbracht. Urlaub hatten wir nur 14 Tage im Jahr.
Als erstes musste ich meine Hausarbeiten für die Berufsschule erledigen, die ließen sich nicht an einem Abend abarbeiten, zumal ich den Ehrgeiz hatte, gute Zeugnisse zu bekommen, damit ich bei der Bewerbung an der Bauschule bessere Chan-cen hatte. Für die Zulassung zum Studium war aber eine zu-sätzliche Aufnahmeprüfung zu schaffen.
Mein Berufsschullehrer organisierte aber auch für die Volks-hochschule Fahrten zum Skilaufen in den Harz. Er war unser Führer und Skilehrer. Ab dem zweiten Weihnachtstag fuhren wir jeden Sonntag mit dem Bus nach St. Andreasberg. Unsere

Ausrüstung war primitiv, Esche-Ski mit Lederbindung war Standard, richtige Skistiefel Marke Ricker habe ich erst nach drei Jahren bekommen. Man trug *Überfall-Hosen,* später tauchten erste *Keilhosen* auf, das war besonders schick. Aber es war herrlich, so durch den tiefen Schnee zu wandern und zum Abschluss in einer kleinen Konditorei noch Kuchen und Schokolade zu naschen, während unsere Klamotten in der Backstube trockneten.

Ich spielte beim TSV Burgdorf Handball, damals Feldhandball, ich stand im Tor. Als ich eintrat, hatte der Verein gerade eine große Krise, Absturz aus der Heideliga in die Kreisklasse. Wir waren zwar viel spielstärker, mussten aber aus finanziellen Gründen auf einen Aufstieg verzichten. Wir hatten recht interessante Freundschaftsspiele in Hannover, Braunschweig, Celle, Wittingen und Peine.

Aufregend waren zwei Freundschaftsspiele, die wir in der DDR ausgetragen haben. Die erste Begegnung war bei der BSG Motor Wernigerode, ein Erlebnis mit Herzklopfen, fürchtete man doch immer etwas falsch zu machen oder zu sagen und dann Ärger mit der Volkspolizei zu bekommen. Die Befürchtungen waren aber grundlos. Aus dieser Begegnung ist eine Freundschaft mit einem der Spieler entstanden, die über die gesamte DDR Zeit bis heute gehalten hat.

Ein weiteres Spiel machten wir im Zonengrenzgebiet in Oebisfelde. Uns wurde damals klar gemacht, dass es sich bei unserer mitgereisten Damen Mannschaft um eine Frauen Mannschaft handelt, denn Damen spielen keinen Handball.

Zu den Punktspielen im Kreis fuhren wir mit dem Fahrrad. Es gab dort Plätze, die auch noch als Weidefläche benutzt wurden. Zum "Waschen" nach dem Spiel stand da je Mannschaft ein Eimer Wasser zur Verfügung. Die Tornetze waren oft Tarnnetze der Wehrmacht oder aus Maschendraht, so dass es bei jedem Tor "klingelte". Natürlich trainierten wir zweimal in der Woche im Burgdorfer Stadion, eine komfortable Einrichtung mit Tribünengebäude und schönen Umkleiden mit

Duschen. Im Sommer habe ich fast jeden Abend im Stadion verbracht und Leichtathletik betrieben. Natürlich habe ich mit achtzehn Jahren das Sportabzeichen gemacht, das war selbstverständlich. An handballfreien Sonntagen fuhr ich im Sommer mit dem Rad zu einem der Baggerseen in der Umgebung zum Schwimmen.

1953 habe ich auch noch mit einigen Schulkameraden ein Marionettentheater   betrieben. Die 50 cm großen Puppen haben wir selber hergestellt, ebenso alle Kulissen und was man sonst so braucht. Gespielt haben wir vor Kindergruppen auf verschiedenen Festen.

Wenn mich der Sport nicht voll ausgefüllt hat, also vor allem im Winter, ging ich mal gerne ins Kino. Am Sonntag gab es in Burgdorf aber auch in Lehrte die beliebten *Tanztees*, die von den Tanzschulen veranstaltet wurden. Hier hatte ich Gelegenheit nette Mädchen kennenzulernen, mit denen man dann auch manch schönes Rendezvous verabreden konnte.

So habe ich 1954 ein liebes Mädchen kennengelernt, mit dem ich viele schöne Stunden verbracht habe und lange befreundet war. Dadurch kamen andere Beschäftigungen, mit Ausnahme vom Handball, etwas zu kurz.

Leider konnte ich die Abende nicht beliebig ausdehnen, denn am nächsten Morgen klingelte um 04.30 Uhr der Wecker. Um 05.00 musste ich aus dem Haus, um meinen Zug zu erreichen, oder um mich auf das Fahrrad zu schwingen, damit ich pünktlich zur Arbeit kam.

20. Ein Rückblick auf meine Lehrzeit

Während meiner Lehrzeit habe ich umfassende Kenntnisse der handwerklichen und organisatorischen Vorgänge auf der Baustelle erworben. Ich konnte mir die Fähigkeit aneignen mit dem Handwerkszeug und den Materialien geschickt umzugehen. Diese Fähigkeit war mir im späteren Leben sehr nützlich. Ich konnte beim Bau meines ersten Einfamilienhauses die gesamten Rohbauarbeiten mit Freunden und Bekannten zusammen ausführen. Auch beim Ausbau kam mir mein handwerkliches Geschick sehr zugute.

Es gab aber auch Bereiche im Hochbau, die ich während meiner Lehrzeit nie kennengelernt habe. Die Verarbeitung und das Mauern von Natursteinen habe ich nie gelernt. Ich war nie auf einer wirklichen Großbaustelle, die mit entsprechenden Großgeräten ausgestattet war. Ich hatte mir gewünscht auf einer Baustelle zu arbeiten, die einen Kran einsetzen konnte. Kleine Kräne, wie sie heute auch auf kleinsten Baustellen anzutreffen sind, waren 1955 noch nicht üblich. Als Bewunderer der Backsteingotik hätte ich auch gerne Ziermauerwerk, komplizierte Verbände und das Vermauern von Formsteinen aus Ziegelmaterial in der Praxis erlebt. Auch die Herstellung von gemauerten Gewölben hätte ich gerne mitgemacht. Diese Dinge gingen wohl über die Grundausbildung hinaus, "Erste Liga", während ich mich in der Ebene der "Kreisklasse" bewegte.

Meine Baustellen lagen im alltäglichen, unspektakulären Wohnungsbau, in einer Gegend mit meist sandigem, unkompliziertem Baugrund, der keine besonderen Ansprüche an die Gründung stellte. Wasserhaltung, Baugrubenverbau und Bohrpfähle kannte ich nur aus der Literatur und den Fachzeitschriften.

Wichtig war für mich die Erfahrung, dass ich beim Entwurf und der Konstruktion von Bauwerken immer im Auge behielt, wie die Ausführung vor Ort geschehen sollte.

Die Zusammenarbeit mit den Kollegen, vom "Mit-Stift" bis zum Polier hat mir bleibende Erkenntnisse über die Menschen vom Bau gebracht. Ihre Weltanschauung, Haltung zum Leben, ihre Moralvorstellungen, die Art und Weise wie sie mit den Problemen des täglichen Lebens umgingen waren mir wertvoll. Als ich mich in späteren Jahren in einer Gesellschaft von

Persönlichkeiten bewegte, die sich zu einer höheren Gesell-
schaftsschicht zugehörig fühlten, spürte ich, dass viele ständig
eine Maske vor sich trugen hinter der sie ihre Gedanken ver-
steckten und Ehrlichkeit durch höfliche Floskeln ersetzt wurde. Ich habe dann oft an meine ehemaligen Kollegen vom Bau
gedacht, an deren Offenheit, Hilfsbereitschaft und Energie,
mit der sie ihr einfaches Leben gestaltet haben. Sie sind mir
immer nahe geblieben.

Die schwere körperliche Arbeit, bei Wind und Wetter, sen-
gender Sonne und eisigem Wind waren sicher nicht immer ein
Vergnügen, aber sie hat dazu beigetragen, dass der Körper
abgehärtet wurde und mit dazu geführt hat, dass ich mich
viele Jahre einer stabilen Gesundheit erfreuen konnte.

Die Maurerlehre und die enge Verbinndung zur Baustelle hat
aber auch dazu geführt, dass ich nach dem Studium an der
Staatsbauschule in Nienburg und der Technische Hochschule
Darmstadt kein brillanter Entwerfer wurde. Nicht, weil ich
keine Ideen hatte, sondern weil ich immer die Ausführung im
Hinterkopf hatte. Mich hat es da schon gewurmt, wenn
Kommilitonen einen Entwurf vorstellten, von denen der Professor begeistert war, aber zugestand, dass er so nicht aus-
führbar war. Nach einer Überarbeitung in Richtung Machbar-
keit war dann der Charme des Entwurfs hin. Die Verbindung
zur Baustelle hatte auch zur Folge, dass ich viele Jahre meines
Berufslebens an der "Front" zu kämpfen hatte, im Bereich
Bauleitung und Organisation.

21. Anhang

Mauerpfeiler einer Vorgarteneinfriedigung, praktischer Teil
der Zwischenprüfung

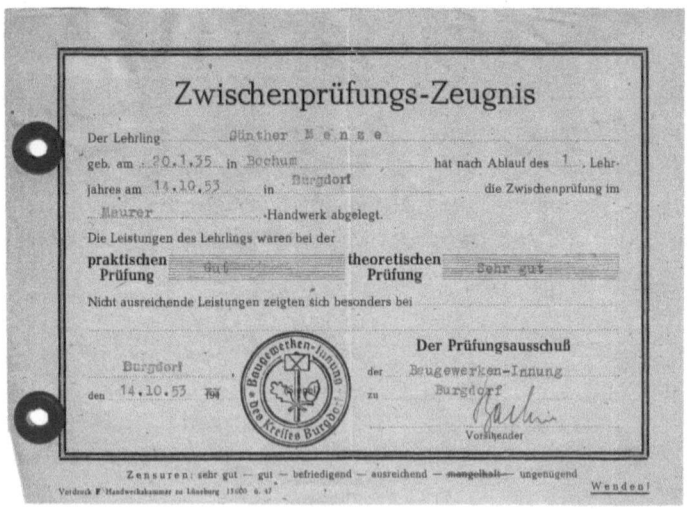

110

GESELLENBRIEF

Günter Menze

geboren **20. Januar** 19 **35**

zu **Bochum**

welche(r) vom **1. April 1952**

bis **31. März 1955**

bei **Herrn Maurermeister Heinrich Schäper Lehrte**

das **Maurer-**

-Handwerk erlernte, hat heute

vor dem unterzeichneten Ausschuß die

GESELLEN PRÜFUNG

mit dem folgenden Ergebnis bestanden

Praktische Leistungen: **sehr gut**

Theoretische Leistungen: **sehr gut**

DER GESELLEN PRÜFUNGSAUSSCHUSS

Lehrte den **6. April 1955**

111

KREISBERUFS- UND HANDELSSCHULE
DES KREISES BURGDORF/HANN.

Leistungs-Urkunde

Günter Menze

geboren am _____ 20. Januar 1935 _____

hat die KREISBERUFS- UND HANDELSSCHULE DES KREISES

BURGDORF in der _____ *bauigewerblichen* _____ -Abteilung

mit Erfolg besucht. Für die besonders guten Leistungen, den guten

Fleiß und die anerkennenswerte Führung erhält der Schüler - die

Schülerin diese Leistungs-Urkunde. Mit dem heutigen Tage ver-

läßt er - sie unsere Lehranstalt.

Lehrte/Hann., am _____ 31. März 1955 _____

Der Direktor   Der Klassenlehrer
                                Die Klassenlehrerin

Dass ich neben meinem Gesellenbrief auch noch diese
Leistungsurkunde erhielt, hat mich sehr gefreut.

112

Zeitfracht Medien GmbH
Ferdinand-Jühlke-Straße 7
99095 Erfurt, Deutschland
produktsicherheit@kolibri360.de